# iPad 2

# Y A PAS PLUS SIMPLE

Yasmina Salmandjee-Lecomte
Sébastien Lecomte

FIRST
> Interactive

© Éditions First-Gründ, Paris, 2011
60, rue Mazarine
75006 Paris – France
Tél. 01 45 49 60 00
Fax 01 45 49 60 01
Courriel : firstinfo@efirst.com
Internet : www.editionsfirst.fr

ISBN : 978-2-7540-3382-4
Dépôt légal : novembre 2011
Imprimé en France par Ercom, 8, rue Gustave Flaubert, 75017 Paris
Mise en page : MADmac

# Table des matières

Chapitre 1



Chapitre 2



Chapitre 3

Y a pas plus malin !

## Modifiez le délai avant la mise en veille

Deux minutes, c'est parfois beaucoup trop court et le passage en mode veille peut vite devenir agaçant ! Cette durée est modifiable, et vous pouvez même choisir de ne jamais passer en veille automatiquement. Dans ce cas, vous pourrez toujours verrouiller manuellement l'iPad (et c'est même fortement recommandé pour économiser la batterie !).

Il suffit de vous rendre dans les réglages de l'iPad, section Général. Touchez **Verrouillage automatique**. Choisissez une durée de 2 à 15 minutes. Touchez **jamais** afin que l'iPad ne se mette jamais en veille seul.

## Faites connaissance avec l'iPad

Votre « jouet » enfin démarré, activé et sorti du mode veille, vous allez pouvoir faire connaissance avec tout ce qui constitue le monde merveilleux de l'iPad !

Tout d'abord, examinez-le bien, sous toutes les coutures. Que remarquez-vous ? Pour commencer, vous noterez que l'iPad ne propose que très peu de boutons et contrôles sur ses différentes façades. Ce minimalisme lui confère d'ailleurs une bonne partie de son succès !

Votre iPad est démarré et prêt à l'emploi. Vous avez déjà fait connaissance avec l'un des boutons de l'iPad : le bouton de démarrage.

*Y a pas plus pratique !*

### Découvrez les boutons et contrôles principaux de l'iPad

1. Commençons par le dessus. En plus du bouton de démarrage (1), (et du tiroir SIM (2), disponible uniquement sur les modèles Wi-Fi+3G), notez la présence d'une prise « jack » (3) : elle permet de brancher un casque audio ou des petites enceintes sur votre iPad. Juste à côté, ce qui semble être un petit trou est en fait le microphone intégré (4).

2. Sur le côté opposé de l'iPad, vous trouverez les boutons de volume (5) ainsi que le commutateur de verrouillage de l'orientation (6). Si les boutons de volume se passent d'explication, le commutateur de verrouillage de l'orientation mérite qu'on s'y attarde quelques instants. Vous allez vite le remarquer, l'iPad détecte le moindre de vos mouvements. Si vous faites pivoter l'iPad, l'écran s'adapte automatiquement. Aussi, pour empêcher l'iPad de pivoter involontairement, vous pouvez bloquer l'orientation de l'écran. Choisissez un mode d'affichage en orientant l'iPad comme vous le souhaitez, puis basculez ce commutateur.

3. Sur la façade inférieure de l'iPad, vous trouverez le haut-parleur (7), ainsi que la prise permettant de brancher l'iPad sur un dock (8) ou au câble de chargement.

4 Enfin, le seul bouton situé sur la façade avant de l'iPad est le bouton Accueil 9. Nous allons l'étudier en détail dans les sections qui suivent. En haut se trouve l'objectif frontal 10.

## Y a pas plus malin !

### Passez en mode paysage

Pour terminer cette découverte de l'écran de l'iPad, faisons connaissance avec le **mode paysage**. Vous avez probablement le réflexe de tenir votre iPad « en mode portrait », c'est-à-dire avec le bouton Accueil en bas. Il est temps de sortir de la routine car l'iPad permet bien plus que cela ! Toutes ses applications permettent en effet d'utiliser l'écran « dans tous les sens ». Lorsque vous faites pivoter l'écran en mode paysage ou même « tête en bas », le capteur de mouvement le détecte instantanément. Aussitôt, l'affichage de l'écran s'adapte à la nouvelle orientation !

## Le bouton Accueil

Observez à présent l'iPad de face. Premier constat : il n'y a qu'un seul et unique bouton ! C'est le **bouton principal** ou **bouton Accueil**.

### Y a pas plus clair !

**Bouton Accueil**

Comme son nom l'indique, ce bouton a la faculté de vous faire revenir à l'écran d'accueil (dont nous allons très vite reparler) de votre iPad, à tout moment.

Ce bouton unique est toutefois très malin et doté de nombreuses fonctions. Tout dépend du contexte : le bouton Accueil se comporte différemment si l'iPad est en veille ou actif, si vous êtes en train d'utiliser une application ou déjà sur l'écran d'accueil. Il réagit également à la manière dont vous appuyez dessus : appui normal ou double appui rapide, par exemple.

Y a pas plus pratique !

## Découvrez les fonctions du bouton Accueil

1. **Faites sortir l'iPad de son sommeil** ! C'est la fonction la plus simple du bouton Accueil, vous l'avez déjà rencontrée précédemment. Elle consiste à « réveiller » l'iPad lorsque c'est nécessaire. Appuyez simplement, une fois, sur le bouton Accueil. L'écran de veille de l'iPad apparaît. Il vous faut alors déverrouiller l'écran en faisant glisser votre doigt sur **Déverrouiller**.

2. **Quittez l'application en cours et revenez à l'écran d'accueil.** Sur l'iPad, il n'y a généralement pas de bouton « fermer » ou « terminer » : le bouton Accueil est parfois, et même souvent, le seul moyen de quitter un écran. Lorsque l'iPad est actif, si vous êtes par exemple en train d'utiliser une application, appuyer sur le bouton Accueil aura un effet radical : vous quitterez l'application en cours et reviendrez à l'écran d'accueil. Cela fonctionne d'ailleurs aussi lorsqu'un programme est bloqué en cours d'utilisation.

3. **Revenez à la première page d'icônes.** Si vous êtes sur une page d'icônes différente de la première page, que cela soit la deuxième ou la dernière, appuyez sur le bouton Accueil pour immédiatement revenir à la première page.

4. **Débloquez l'iPad.** Si l'iPad semble bloqué, appuyez longuement (au moins 6 secondes) sur le bouton Accueil. Cela devrait en principe vous sortir de la majorité des mauvais pas !

5. **Accédez à la recherche.** Affichez la première page d'icônes de l'iPad et appuyez sur le bouton Accueil : l'outil de recherche dans l'iPad s'affiche.

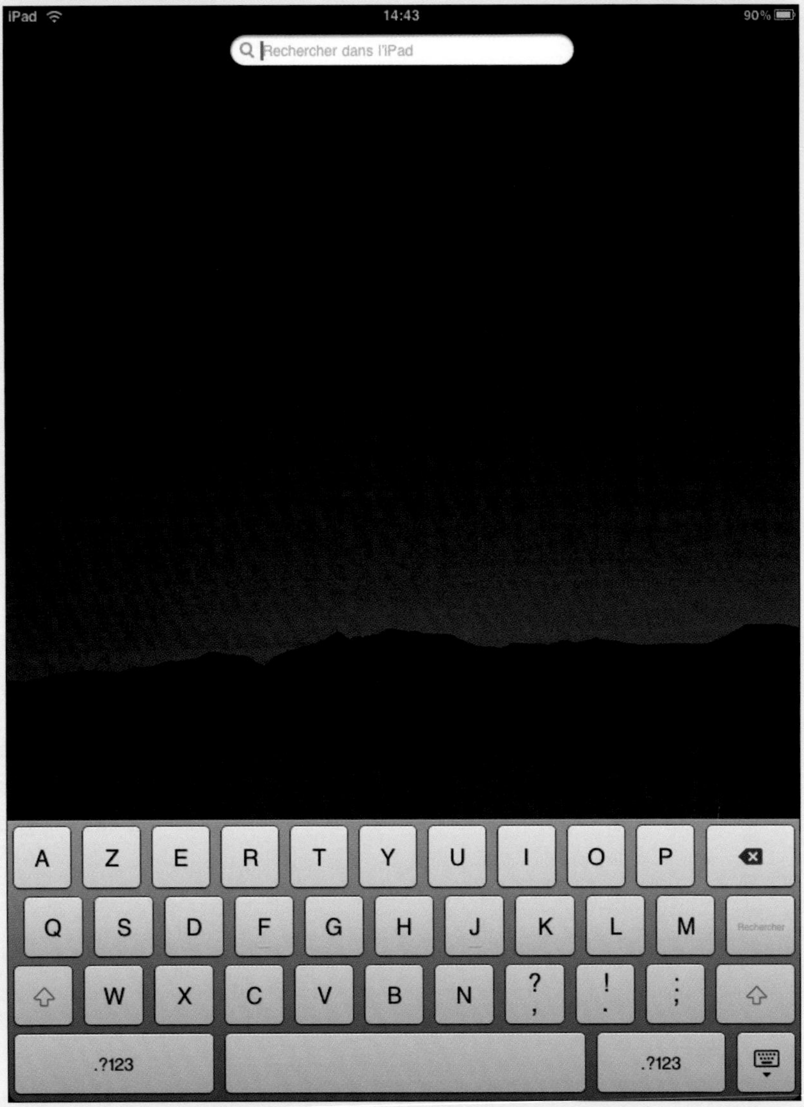


6 **Accédez à une autre application.** Lorsque vous utilisez une application, appuyez rapidement deux fois sur le bouton Accueil pour en lancer une autre. Les icônes des applications disponibles apparaissent en bas de l'écran. Ce sont les applications récemment utilisées qui s'affichent d'abord. Faites éventuellement glisser vers la gauche pour voir d'autres applications. Faites votre choix en touchant simplement une icône. L'application se lance.

7 **Accédez aux commandes spéciales.** Appuyez rapidement deux fois de suite sur le bouton Accueil puis faites glisser votre doigt vers la droite dans la zone en bas d'écran. Les commandes spéciales apparaissent :

- Selon l'option choisie pour le bouton latéral (consultez la rubrique « Y a pas plus malin ! » qui suit), vous pourrez d'abord trouver un bouton pour bloquer l'orientation de l'écran de l'iPad ou passer en mode silencieux.
- Un curseur permet d'ajuster la luminosité de l'écran : faites glisser le curseur vers la droite pour augmenter la luminosité.

- Au centre apparaissent des boutons permettant de contrôler rapidement la musique lue par l'iPod (voir chapitre 7).
- Un curseur permet d'ajuster le volume : vous pouvez l'utiliser en lieu et place des boutons de volume situés sur le côté de l'iPad.
- Une icône permet enfin de lancer rapidement l'application **Photos** pour accéder rapidement à votre bibliothèque d'images et éventuellement lancer un diaporama (voir chapitre 6).

L'accès rapide à ces commandes est stratégique : vous aurez besoin de ces contrôles occasionnellement (pour le verrouillage de l'orientation, par exemple) ou très souvent (si vous utilisez beaucoup la fonction iPod de votre iPad pour écouter de la musique), mais dans tous les cas, vous voudrez y accéder rapidement.

**Y a pas plus malin !**

### Choisissez la fonction du commutateur latéral

Par défaut, le commutateur sert à passer en mode silencieux. Si vous préférez qu'il serve à verrouiller l'orientation de l'écran, c'est possible.

Si vous choisissez de conserver l'option par défaut (**Couper le son**), vous pourrez verrouiller l'orientation à l'aide des **commandes spéciales**, accessibles *via* le bouton Accueil : cette manipulation est expliquée à la section précédente. Pour modifier la fonction du commutateur, rouchez **Réglages** sur l'écran d'accueil, puis **Général**. Dans la zone **Le bouton latéral sert à**, choisissez **Verrouiller la rotation** ou **Couper le son**.

## Découvrez et maîtrisez l'écran tactile

S'il n'y a qu'un seul bouton « réel » sur la façade de l'iPad, c'est bien sûr parce que toutes les manipulations importantes se font grâce à l'écran tactile ! Très intuitive, cette approche demande simplement un peu de logique, et un peu de patience lorsque l'on débute avec l'iPad.

Toucher, appuyer, défiler, faire glisser, zoomer : voici des termes qui vous sembleront bientôt plus que familiers, et des manipulations que vous effectuerez sans même vous en rendre compte ! Vous devez impérativement connaître et maîtriser ces gestes simples mais fondamentaux pour interagir avec l'écran tactile de votre iPad.

Pour découvrir ces manipulations, faisons connaissance avec l'application Plans.

Y a pas plus pratique !

### Touchez, faites glisser, défilez et zoomez

1. Localisez l'icône **Plans** sur l'écran d'accueil de votre iPad.
2. *Touchez*-la du bout de votre index, autrement dit *appuyez* sur l'icône avec la pulpe du doigt. L'icône est mise en surbrillance. L'application Plans se lance ! Vous venez de faire connaissance avec la première manipulation importante sur un iPad : **toucher**.

**3** Posez votre doigt n'importe où sur la carte et, sans relâcher, **faites glisser**. La carte **défile**, se déplace sous votre doigt. Essayez aussi de **défiler** plus rapidement en **feuilletant**, c'est-à-dire en faisant glisser le doigt d'un geste rapide dans la direction souhaitée, mais en lâchant l'écran en fin de course.

Vous pouvez attendre que le défilement s'arrête ou toucher n'importe quel endroit de l'écran pour l'arrêter immédiatement. C'est la deuxième manière d'agir sur l'écran de l'iPad : **faire glisser** ou **défiler**. Vous l'avez d'ailleurs utilisée sans même vous en apercevoir, pour déverrouiller l'iPad !

4 Vous remarquerez peut-être que certains détails de la carte sont trop petits pour être affichés. Plutôt que de coller votre nez sur l'écran, zoomez ! Pour cela, à l'aide du pouce et de l'index simultanément, touchez l'écran et écartez les doigts sans relâcher, comme si vous « lissiez » la surface : vous *zoomez en avant* ! Recommencez pour zoomer encore plus en avant.

À l'inverse, touchez et rapprochez les doigts, cette fois comme si vous « pinciez » l'écran : vous *zoomez en arrière*. Vous l'avez compris : écarter et rapprocher les doigts permet de contrôler le zoom ! Cette manipulation, appelée **zoom avant ou arrière**, est incontournable pour visualiser les détails de pages Web ou de messages électroniques, et très impressionnante lorsque vous l'utilisez sur des photos !

## Organisation de l'écran d'accueil

Revenons quelques instants sur l'écran d'accueil. L'écran d'accueil de votre iPad offre de la place pour une vingtaine d'icônes, vous l'aurez remarqué. Ce n'est en fait que la première page d'une série pouvant aller jusqu'à onze ! Les pages se rempliront lorsque vous installerez de nouvelles applications (consultez le chapitre 11 à ce sujet).

Y a pas plus clair !

### Écran d'accueil

*L'écran d'accueil*, c'est tout simplement l'écran qui s'affiche au démarrage de votre iPad et sur lequel s'affichent les icônes des applications.

Y a pas plus pratique !

## Explorez l'écran d'accueil

1. Commencez par observer l'écran et les différentes zones qui le composent. En haut, la barre d'état, qui indique l'heure et fournit des informations concernant l'iPad. Au milieu, la zone des icônes : vingt places pour vingt applications par page. En bas, le *dock* de lancement rapide, partie grisée pouvant accueillir jusqu'à quatre icônes. Les applications situées dans cette zone sont accessibles sur toutes les pages d'icônes. Juste au-dessus du dock, l'icône **Loupe** permet d'accéder à la recherche dans l'iPad.

2 Passez de page en page ! Lorsque vous aurez installé de nouvelles applications et aurez plus d'une page d'icônes, vous pourrez aussi naviguer d'une page à l'autre. Pour passer d'une page à l'autre, vous devez défiler ou feuilleter horizontalement, vers la droite. Vous pouvez faire pivoter l'écran en mode paysage si vous le souhaitez.

3. Vous pouvez aussi toucher la rangée de points en bas d'écran, juste au-dessus du dock de lancement rapide, qui indique d'ailleurs la page sur laquelle vous vous trouvez.

4. Enfin, n'oubliez pas qu'il suffit d'un appui sur le bouton Accueil pour revenir à tout moment à la première page.

## Y a pas plus malin !

### Les indicateurs de la barre d'état

Les icônes de la barre d'état située en haut de l'écran proposent des informations concernant l'iPad. Vous pourrez y voir les icônes suivantes, selon le contexte :

- **Batterie** : cette icône indique le niveau de la batterie ou l'état de la charge.
- **Verrouillage** de l'orientation : cette icône indique que l'orientation de l'iPad est verrouillée.
- **Lecture** : cette icône indique qu'un morceau de musique est à l'écoute avec l'iPod. Consultez le chapitre 7 pour plus d'informations à ce sujet.

**Wi-Fi** : cette icône indique que l'iPad est connecté à Internet par un réseau Wi-Fi. Le nombre de barres est proportionnel à la qualité de la connexion. Consultez le chapitre 12 pour plus d'informations.

**3G** : cette icône indique que le réseau 3G de votre opérateur est disponible. Vous pouvez donc accéder à Internet *via* ce réseau.

## Rechargez votre iPad

L'iPad dispose d'une excellente autonomie ! Il vous faudra néanmoins le recharger de temps à autre. Observez le niveau de la batterie dans la barre d'état et rechargez l'iPad dès qu'il atteint les 20 % ou moins.

Y a pas plus malin !

### Affichez le niveau précis de la batterie

Si le niveau de la batterie n'est pas visible, rendez-vous dans les paramètres : touchez **Réglages** sur l'écran d'accueil. Touchez **Général** puis, en bas d'écran, activez l'option **Niveau de la batterie**. Le niveau précis de la batterie, en pourcentage, apparaît dans la barre d'état.

Y a pas plus pratique !

### Rechargez l'iPad

1. Pour recharger votre iPad, utilisez le câble de connexion fourni. Vous pouvez brancher l'iPad sur votre ordinateur avec le câble USB ou directement sur le courant avec la prise électrique.

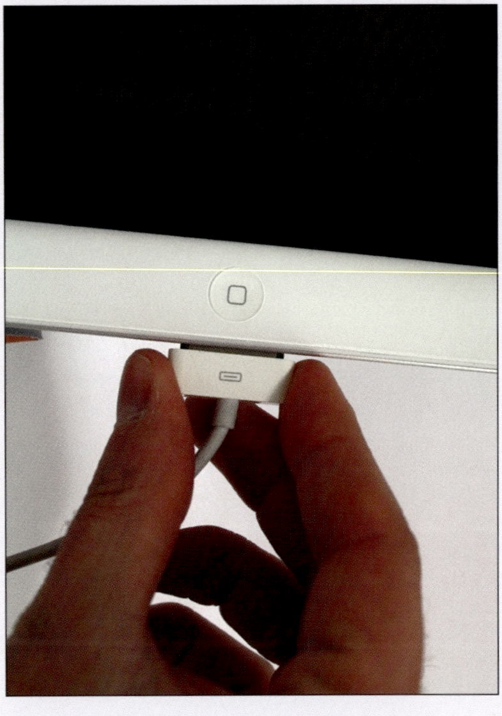

2. Laissez l'iPad branché aussi longtemps que nécessaire : une charge complète peut prendre de trois heures (sur la prise électrique) à près de huit heures (*via* le port USB d'un MacBook Pro).

3. Déconnectez l'iPad une fois le niveau maximal atteint.

Attention : certains ports USB ne sont pas assez puissants pour recharger l'iPad. Dans ce cas, le message « Aucune recharge en cours » apparaît dans la barre d'état. Vous n'aurez dans ce cas que deux solutions :

- Utiliser un ordinateur dont les ports USB sont assez puissants (c'est le cas des Mac, généralement).
- Brancher votre iPad sur le courant, directement, grâce à la prise secteur.

Reste enfin la possibilité d'acheter un accessoire de plus pour votre iPad : le dock spécial de chargement.

# Éteignez votre iPad

Même si vous ne pourrez bientôt plus vous en passer, il faudra bien éteindre votre iPad de temps en temps !

Y a pas plus pratique !

## Éteignez votre iPad

1. Appuyez longuement sur le bouton d'allumage, qui sert aussi à démarrer l'iPad, jusqu'à l'apparition du curseur rouge.

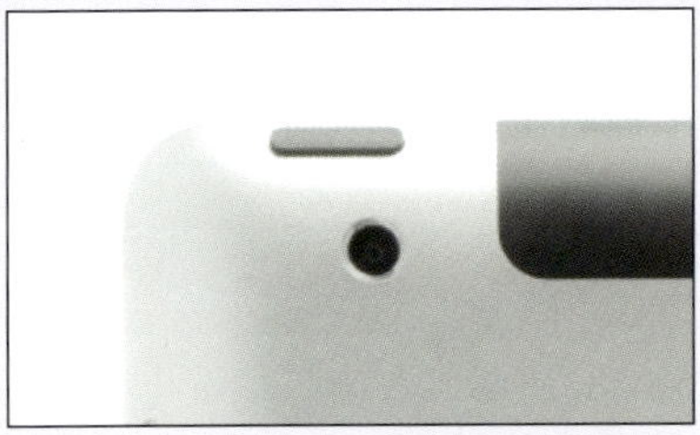

2. Faites glisser le curseur **Éteindre** vers la droite (touchez **Annuler** pour garder l'iPad allumé).

3. L'iPad s'éteint.

# Offrez des accessoires à votre iPad !

Voici une sélection d'accessoires pour compléter votre iPad. La plupart d'entre eux sont en vente sur le Web, mais aussi dans les boutiques Apple.

Y a pas plus pratique !

## Découvrez quelques accessoires astucieux pour votre iPad

1. **L'étui Smart Cover d'Apple.** Spécialement conçu pour l'iPad 2, il fait double emploi : en plus de protéger avec élégance votre iPad, il sert de support lorsque vous regardez des photos ou des vidéos.

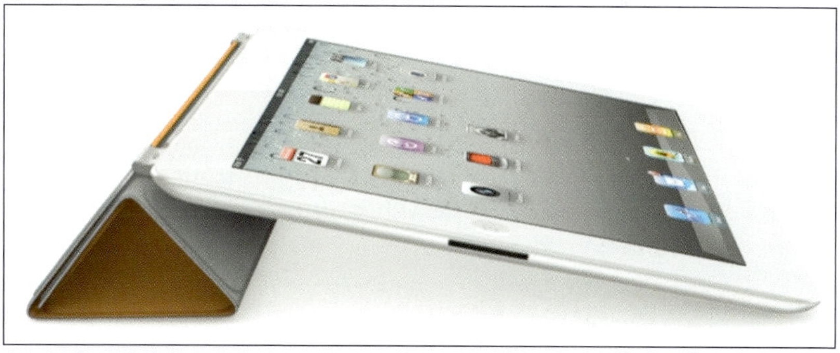

2. **Le clavier sans fil d'Apple.** Ce clavier spécial pour iPad ou toute autre machine Apple peut apporter un certain confort d'utilisation, en particulier à ceux qui préfèrent toujours le contact avec un clavier « physique ».

3 **Un dock audio.** Un dock est une station d'accueil spécialement conçue pour accueillir votre iPad (et parfois aussi un iPhone ou un iPod, ou tout autre équipement similaire) et offrant une sortie audio qui permet de diffuser de la musique sur des enceintes extérieures. Servant de support à l'iPad dans votre salon, par exemple, c'est donc aussi un accessoire pratique pour l'utiliser comme cadre photo. De nombreux fabricants proposent des docks compatibles avec l'iPad, dans des gammes et prix et avec des fonctionnalités variables.

Apple commercialise un **dock spécial pour l'iPad 2**, permettant aussi de recharger ou de synchroniser votre iPad en le maintenant en position verticale.

4. **Un dock projecteur.** Si votre budget le permet, vous pouvez investir dans un accessoire spécial pour encore mieux profiter de vos photos à la maison (mais aussi de vos vidéos et même des jeux) : le WowWee Cinemin Slice. C'est un dock projecteur portable qui peut accueillir et se brancher sur vos appareils multimédias favoris, dont l'iPad, bien entendu, pour projeter vos films, vidéos, photos, jeux et diapos au mur ou au plafond, accompagnés d'un son stéréo riche.

5. En attendant, et pour un tarif bien inférieur, vous pouvez faire l'acquisition d'un câble spécial proposé par Apple autour de 40 €, permettant de relier votre iPad à un téléviseur : **l'adaptateur AV numérique d'Apple**. Cet adaptateur permet de visualiser à l'identique l'écran de l'iPad sur un téléviseur, projecteur ou tout autre écran disposant d'une connectique HDMI. Il existe aussi un autre câble de ce type : l'adaptateur VGA, proposé par Apple autour de 30 €, pour connecter l'iPad à un téléviseur, un moniteur, un projecteur ou un écran LCD équipé d'un connecteur VGA.

6 **L'adaptateur photo / lecteur de carte SD.** Le transfert de photos vers l'iPad n'est pas forcément la manipulation la plus intuitive et conviviale qu'offre Apple ! Heureusement, un accessoire deux en un, composé d'un adaptateur photo et d'un lecteur de carte mémoire SD, facilitera la vie de ceux qui adorent les diaporamas.Il permet de transférer en un clin d'œil les photos sur l'iPad, depuis votre appareil photo numérique ou une carte mémoire.

## Y a pas plus malin !

### Achetez les accessoires en ligne

Pour trouver rapidement les accessoires officiels proposés par Apple, rendez-vous sur le site Web de la marque, dans la catégorie *Accessoires pour iPad* :

`http://store.apple.com/fr/`

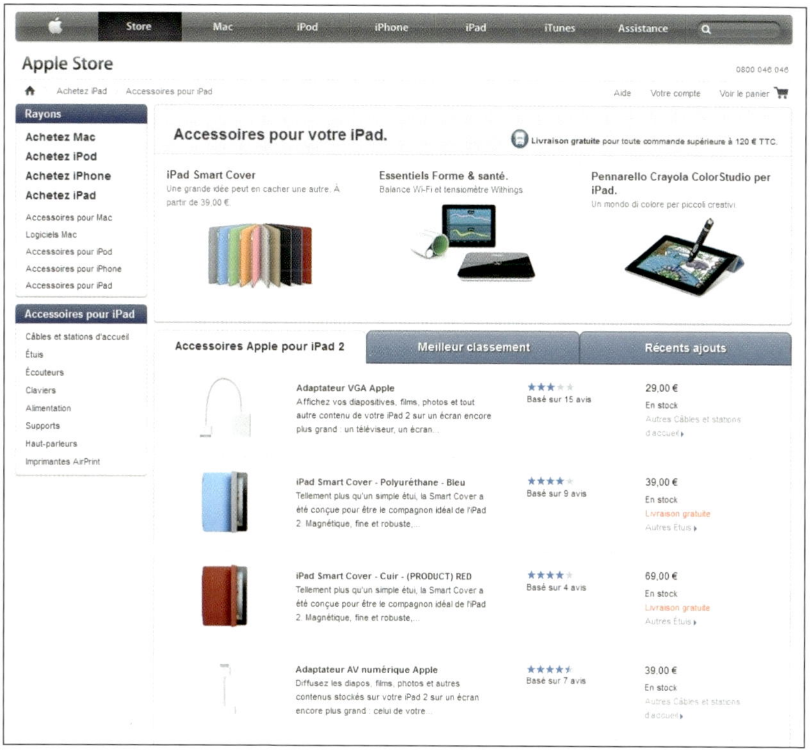

# Chapitre 2

# Explorez le Web avec Safari

Quoi de plus agréable que de surfer sur Internet avec l'iPad sur les genoux, confortablement installé dans un fauteuil ou à la terrasse d'un café ? Accéder au Web avec l'iPad et naviguer du bout des doigts est une expérience bien différente de celle que vous avez vécue jusqu'ici sur un ordinateur « classique » !

- En route pour le Web !
- Effectuez une recherche avec Google
- Optimisez votre navigation
- Naviguez comme un pro !
- Utilisez les signets

## En route pour le Web !

La navigation sur Internet se fait *via* l'application **Safari**, dont l'icône se trouve par défaut en haut dans le dock de lancement rapide.

La manière la plus simple et la plus rapide d'accéder à un site Web est d'afficher sa page d'accueil à l'aide de Safari. Vous devez bien entendu connaître précisément l'adresse du site Web.

Y a pas plus pratique !

### Affichez une page Web

1. Touchez la barre d'adresse tout en haut de la page, à gauche (le champ Google, à droite, permet d'effectuer une recherche et fait l'objet de la section qui suit). Si la barre d'adresse n'est pas visible, touchez la barre d'état en haut de l'écran. Vous atteindrez immédiatement le haut de la page Web et la barre d'adresse apparaîtra.

2. Utilisez le clavier pour saisir l'adresse complète (sans « http:// », c'est inutile, mais avec les éventuels « www ») du site Web à afficher. Si la zone de saisie contient déjà du texte, pour effacer son contenu, touchez ⊗.

3. Au fur et à mesure que vous saisissez l'adresse d'un site Web, les adresses de sites visités récemment et commençant par les mêmes lettres s'affichent. Vous pouvez toucher une de ces adresses pour y accéder directement. S'il ne figure pas dans la liste, continuez à saisir l'adresse du site à afficher.

4. Remarquez le bouton **.com** sur le clavier. Touchez-le longuement : les extensions de sites Web les plus répandues s'affichent. Vous pouvez saisir l'extension, avec un point puis lettre par lettre ou utiliser ce bouton pour gagner du temps !

5. Une fois l'adresse complète saisie, touchez **Accéder** sur le clavier en bas d'écran.

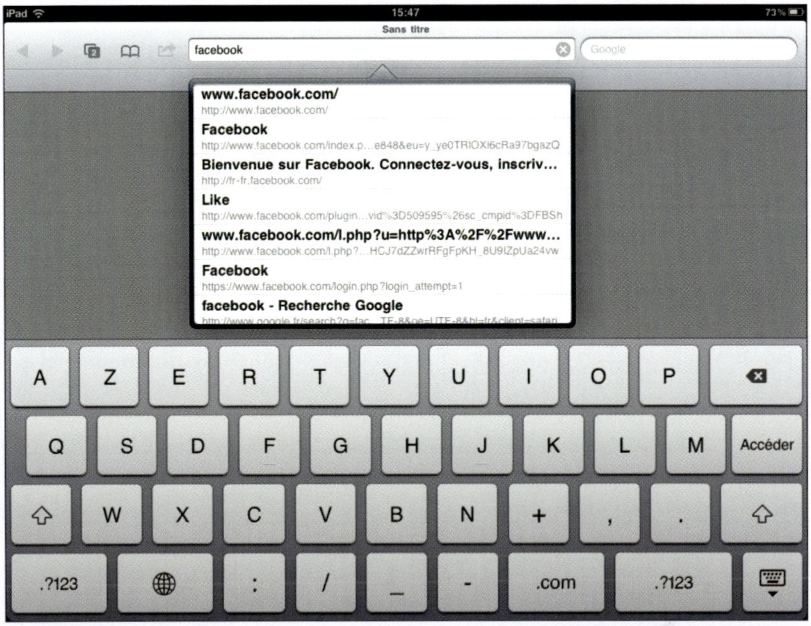


6 Patientez pendant le chargement de la page. La page Web s'affiche.

## Y a pas plus malin !

### Dommage pour les sites en Flash

Une seule différence notable existe bel et bien entre l'accès au Web sur n'importe quel ordinateur et sur l'iPad (en dehors du côté tactile de la manipulation) : le contenu Flash. Essentiellement utilisé pour des animations ou certains formats vidéo, le format Flash n'est pas supporté par l'iPad. Il ne s'agit pas là d'une limite technique mais d'un choix stratégique de la part d'Apple. Dommage pour les utilisateurs, car en lieu et place de tout contenu Flash, vous aurez droit à un message d'erreur.

## Effectuez une recherche avec Google

La deuxième manière d'afficher un site Web est de passer par la recherche Google. Cette méthode peut aussi être pratique pour gagner du temps, lorsque vous ne connaissez pas l'adresse exacte d'un site ou que celle-ci est compliquée à saisir.

*Y a pas plus clair !*

### Pourquoi Google ?

Comme vous le savez peut-être, un moteur de recherche permet d'afficher une liste de sites Web correspondant à un ou plusieurs « mots-clés ». Il existe plusieurs moteurs de recherche, et celui qu'a choisi Apple par défaut pour l'iPad est le célèbre et efficace Google.

*Y a pas plus pratique !*

## Lancez une recherche sur Google

1. Touchez la zone de recherche Google tout en haut de la page, à droite de la barre d'adresse.
2. Saisissez les mots-clés correspondant à votre recherche. Si la zone de saisie contient déjà du texte, pour effacer son contenu, touchez ⊗.
3. Touchez **Google**.

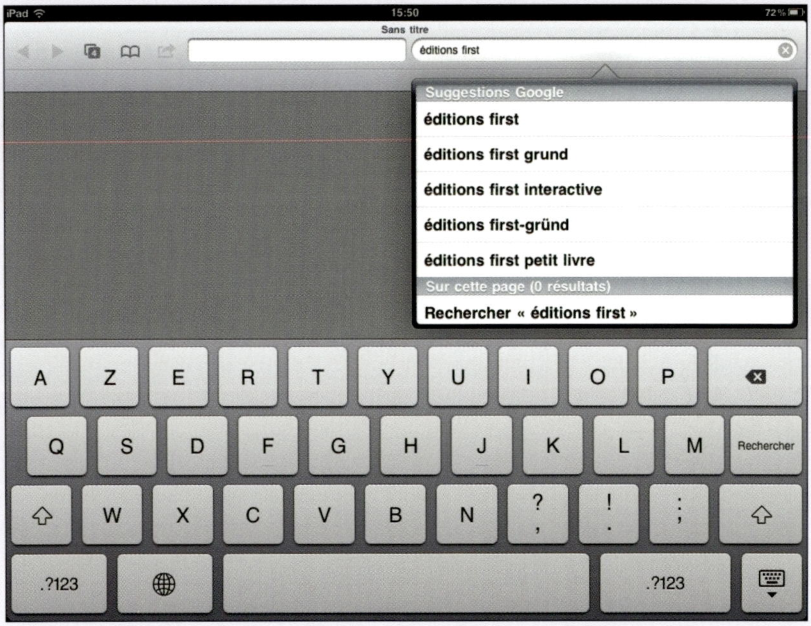


4 La page de résultats de la recherche Google s'affiche.

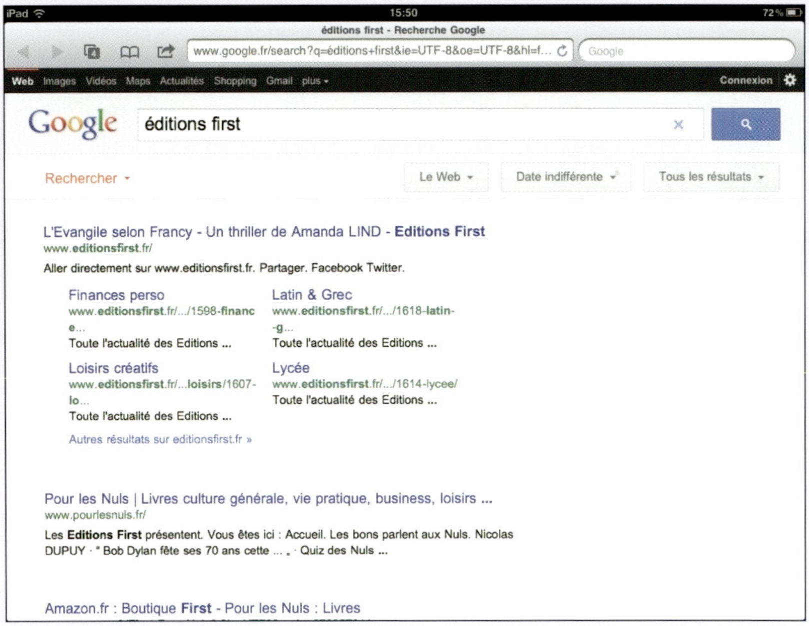

5 Touchez un résultat (souligné en bleu) pour afficher le site correspondant.

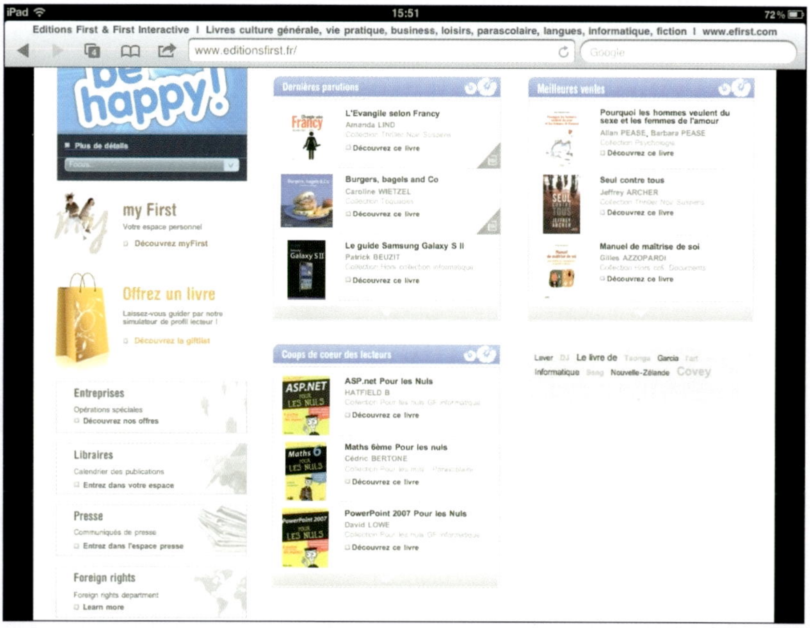


## Y a pas plus malin !

### Changez de moteur de recherche

Vous pouvez changer de moteur par défaut et utiliser Yahoo! à la place de Google. Pour cela, depuis l'écran d'accueil, touchez **Réglages**, puis **Safari** et, enfin, **Moteur de recherche**, et choisissez **Yahoo!**.

## Naviguez comme un pro !

L'intérêt du Web étant de se promener de page en page, au gré de recherches ou du hasard, voyons comment faire tout cela sur l'iPad.

Y a pas plus pratique !

### Naviguez et gérez plusieurs fenêtres

1 Pour naviguer de page en page, à l'intérieur d'un site Web ou vers d'autres sites, il suffit d'utiliser un lien. Et pour suivre un lien, touchez-le, tout simplement. Certains sont faciles à identifier car ils sont soulignés. Dans le cas de liens non soulignés, de boutons ou d'images, vous pouvez toucher l'élément longuement. Si un lien est associé, l'adresse apparaît dans une fenêtre. Touchez **Ouvrir** pour accéder à la page associée.

2 Lorsque vous naviguez de page en page, vous pouvez touchez ◀ et ▶ pour respectivement atteindre la page précédente et la page suivante.

3. Lorsqu'une page est en cours d'affichage, une barre bleue indique la progression du chargement. Vous pouvez interrompre le chargement d'une page Web à tout moment en touchant . À l'inverse, pour rafraîchir une page, touchez la barre d'adresse puis .

4. Pour ne pas perdre la page en cours et afficher un autre site, vous pouvez aussi ouvrir une page Web dans une nouvelle fenêtre. Pour cela, touchez le bouton .

5. Un écran spécial vous montre les pages ouvertes. Touchez une page déjà ouverte pour l'afficher. Touchez **Nouvelle page** pour ouvrir une fenêtre.

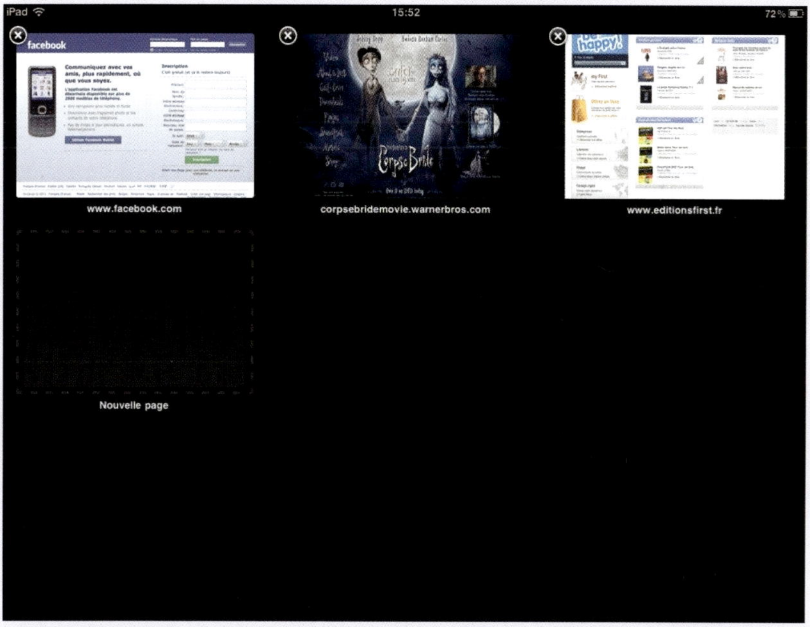


6. Une nouvelle fenêtre s'ouvre : vous pouvez y saisir une adresse de page Web ou une recherche Google.

7. Touchez à nouveau le bouton **Pages** pour afficher une autre fenêtre parmi celles ouvertes. Touchez la croix en haut à gauche d'une fenêtre pour la fermer.

8. Dans certaines pages Web, il vous faudra remplir des formulaires faits de champs texte et de menus de sélection. C'est très simple : pour remplir une zone de texte, touchez-la. Le clavier apparaît. Saisissez les informations demandées. Si c'est un menu de sélection, les différentes options apparaissent. Faites défiler le menu pour effectuer votre choix. Pour cocher ou décocher une case, touchez-la.

9 Lorsqu'il y a plusieurs champs de suite à saisir, touchez le bouton **Suivant**. Pour valider le formulaire, touchez **Accéder** ou **Rechercher**. Touchez **Terminé** pour simplement revenir à la page Web sans envoyer le formulaire.

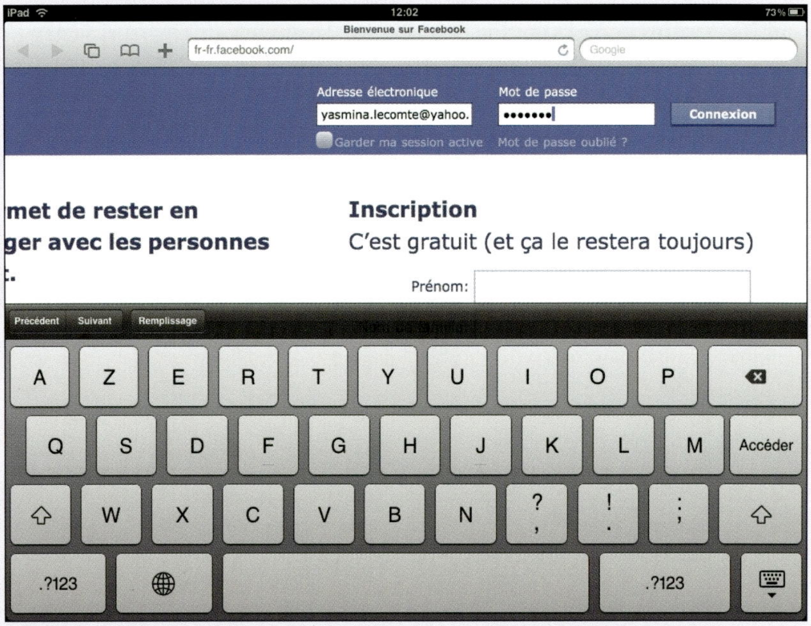


10 Notez enfin que l'iPad reconnaît automatiquement certains éléments au sein des pages Web et en fait des liens, ce qui est très pratique :

- Les coordonnées géographiques deviennent des liens pour afficher une carte dans **Plans**.
- Les adresses de messagerie deviennent des liens pour créer un message prérempli avec l'adresse du destinataire, dans **Mail**.
- Les séries de chiffres deviennent des liens pour ajouter rapidement les coordonnées téléphoniques à un contact.

11 Lorsque vous touchez un lien spécial, vous quittez Safari pour l'application correspondante. Pour revenir à la page en cours, vous devez relancer Safari depuis l'écran d'accueil.

## Y a pas plus malin !

### Zoomez et défilez dans la page

Ces techniques ne seront pas nouvelles pour vous si vous avez lu le chapitre précédent : zoomer et défiler dans une page Web, c'est exactement la même chose que zoomer et défiler sur l'écran de l'iPad. Voici tout de même un bref rappel et quelques astuces complémentaires, spécifiques à Safari :

- Pour zoomer en arrière ou en avant, vous pouvez utiliser la technique habituelle consistant à « pincer » ou « lisser » la surface de l'écran entre deux doigts.
- Pour adapter la taille d'un bloc de texte à la largeur de l'écran, touchez deux fois rapidement ce bloc. Touchez à nouveau l'écran deux fois de suite pour effectuer un zoom arrière. Vous remarquerez vite que Safari est particulièrement « intelligent » lorsqu'il s'agit de recadrer l'affichage sur la partie de la page qui vous intéresse !

- Pour défiler dans une page, faites glisser votre doigt vers le haut, le bas ou sur les côtés.
- Pour atteindre rapidement le haut d'une page, touchez la barre d'état en haut d'écran.

# Utilisez les signets

Pour terminer ce chapitre, voyons comment tirer profit des signets de Safari pour améliorer votre navigation sur le Web.

## Y a pas plus clair !

### Signet

Si vous êtes un habitué du Web, vous savez déjà ce que sont les signets, mais peut-être les connaissez-vous sous le nom de « favoris » ou « marque-pages ». Dans Safari, vos sites préférés sont appelés « signets ».

## Y a pas plus pratique !

## Faites appel aux signets et à l'historique de Safari

1. Pour ajouter une page Web aux signets, affichez la page dans Safari et touchez . Touchez ensuite **Ajouter un signet**.

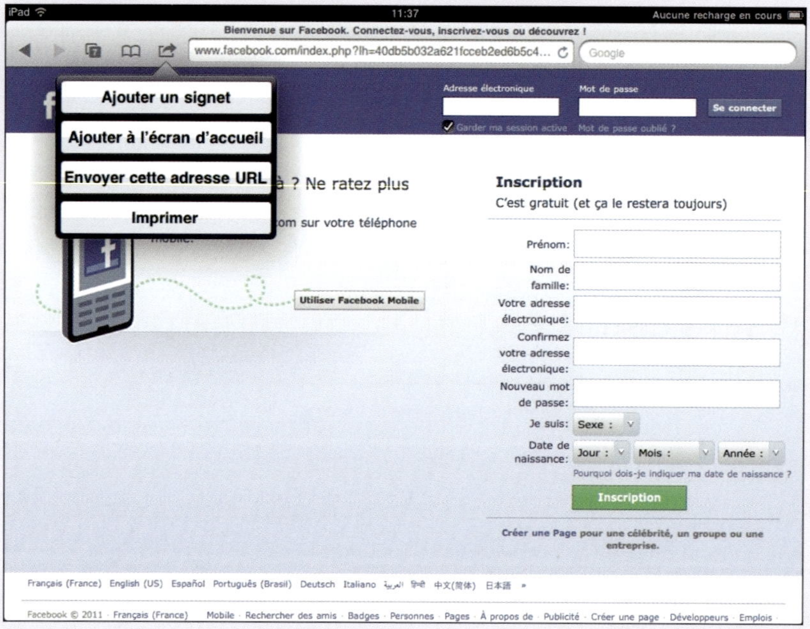

2. Dans la fenêtre **Nouv. signet**, touchez éventuellement la première ligne pour modifier le titre du signet. Vous pouvez aussi organiser vos signets par dossiers. Touchez **Signets** pour choisir un sous-dossier.

3. Touchez **Enregistrer** pour sauvegarder le signet.

4. Pour accéder à une page Web enregistrée dans les signets, dans n'importe quelle fenêtre Safari, touchez 📖.

5. Localisez le signet sous le nom que vous avez choisi et touchez-le. La page s'ouvre immédiatement dans Safari, remplaçant la page déjà affichée.

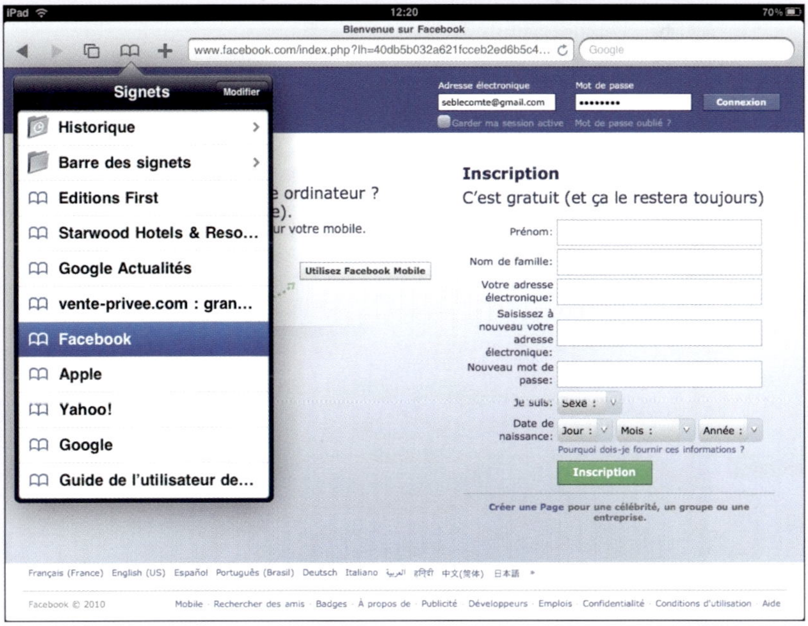

## Y a pas plus malin !

### Deux autres options pratiques du menu +

Touchez **Envoyer cette adresse URL** pour créer un message de courrier électronique, dans Mail, contenant un lien vers la page Web.

Touchez **Ajouter à l'écran d'accueil** pour créer une icône sur l'écran d'accueil, qui, en un seul appui, ouvrira Safari et vous mènera directement vers la page Web choisie.

## Y a pas plus clair !

### Historique

Safari enregistre aussi les sites précédemment visités et vous permet de les retrouver rapidement. L'historique est très pratique si vous visitez régulièrement les mêmes sites et vous épargne de tous les ajouter à vos signets.

Pour afficher l'historique, touchez [icône signets] puis **Historique** dans Safari. Touchez le nom d'un site Web déjà visité pour l'afficher à nouveau.

Chapitre

3

# Échangez des courriels avec Mail

Communiquer *via* l'iPad est chose aisée, grâce aux applications Mail et FaceTime. Plutôt classique, tout en étant simple et pratique, Mail permet, comme son nom l'évoque, d'échanger des courriels.

- Configurez un compte de messagerie
- Consultez vos messages
- Répondez à un message ou transférez-le
- Envoyez un message
- Gérez vos contacts

## Configurez un compte de messagerie

Si vous utilisez l'un des principaux prestataires de messagerie (Microsoft Exchange, Mobile Me, Gmail, Yahoo! ou AOL), la configuration de Mail est très rapide : les réglages ont déjà été configurés pour l'iPad. Vous pouvez ajouter autant de comptes que vous le souhaitez.

Y a pas plus pratique !

### Ajoutez un compte de messagerie Microsoft Exchange, Mobile Me, Gmail, Yahoo! ou AOL

1. Touchez **Réglages** sur l'écran d'accueil, puis **Mails, Contacts, Calendrier**. Touchez **Ajouter un compte**. Si aucun compte n'est configuré sur votre iPad, vous pouvez aussi lancer **Mail** et l'écran de paramétrage s'affichera directement.

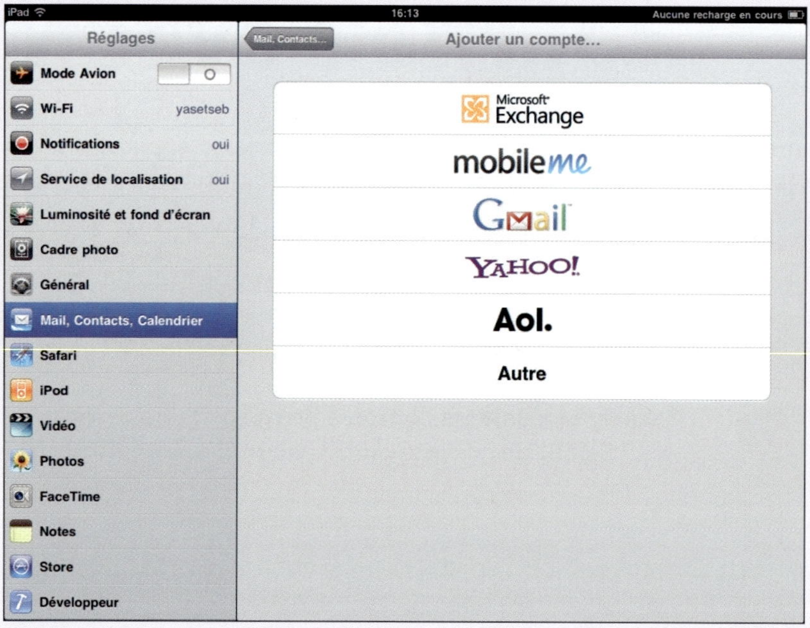


2. Touchez le nom de votre prestataire.

3 Saisissez les informations relatives à votre compte de messagerie : votre nom, l'adresse et le mot de passe. Dans **Nom**, saisissez votre nom complet, tel que vous souhaitez qu'il apparaisse lorsque vous envoyez des courriels.

4 Dans **Description**, choisissez l'intitulé de votre compte, pour le repérer facilement parmi tous vos autres comptes sur votre iPad. Si vous possédez de nombreux comptes de messagerie, il est judicieux d'y copier-coller l'adresse de messagerie elle-même.

5 Touchez **Suivant**.

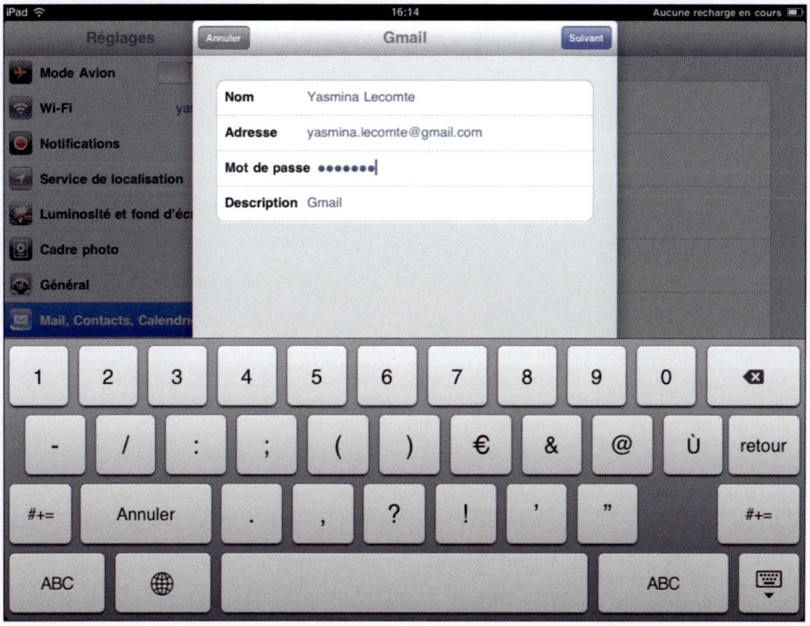


6 Vous pouvez alors éventuellement aussi synchroniser les notes et le calendrier associés à votre compte. Touchez **Enregistrer**.

7 Si vous avez plusieurs comptes de messagerie, réitérez cette procédure d'ajout de compte pour chacun d'eux.

Y a pas plus malin !

### Configurez un compte de messagerie manuellement

Si votre messagerie ne figure pas dans la liste des principaux prestataires dont les réglages ont déjà été configurés, vous devez paramétrer votre compte Mail manuellement. Munissez-vous de la documentation fournie par votre prestataire de messagerie : noms des serveurs POP et SMTP. Dans l'écran **Ajouter un compte**, touchez **Autre**.

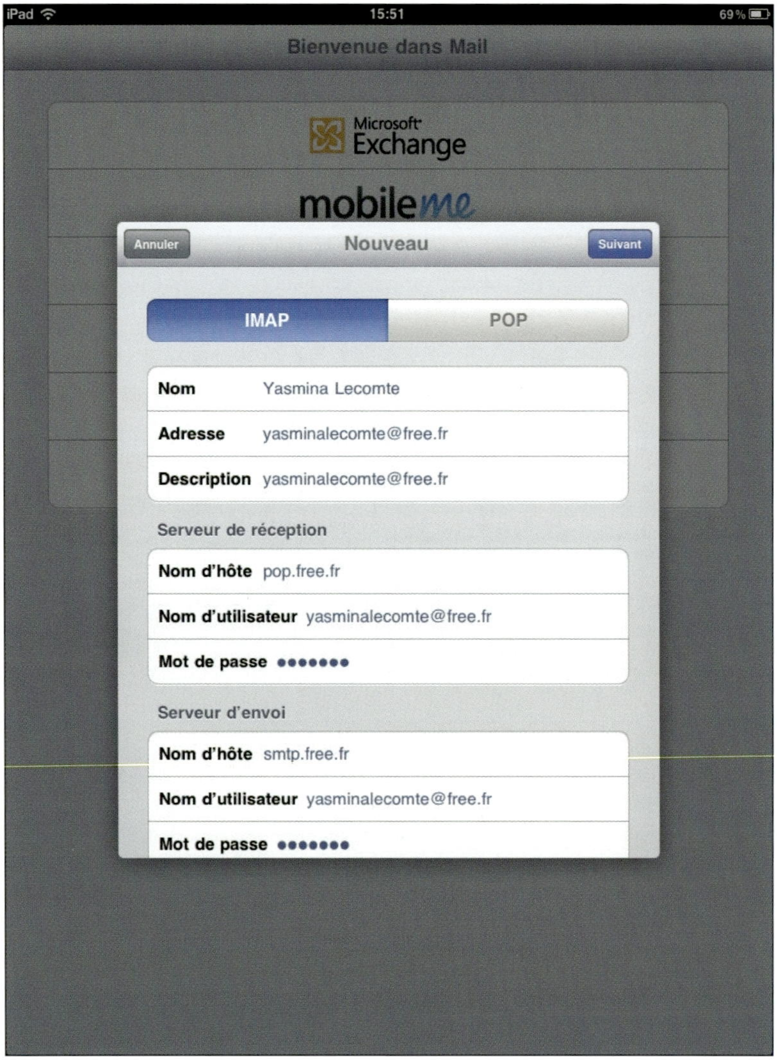


Néanmoins, il n'est pas toujours facile, ni même possible de consulter certaines messageries sur l'iPad, même en configurant manuellement le compte. Heureusement, il existe une astuce pour contourner ce problème !

Elle consiste à rediriger tous les messages depuis l'adresse posant problème avec l'iPad vers une autre messagerie qui, elle, n'en posera aucun, comme une adresse Gmail, par exemple.

1. Créez une adresse gratuitement sur `www.gmail.com`, à moins que vous n'en possédiez déjà une. Vous pouvez aussi en créer une nouvelle spécialement pour cet usage.
2. Rendez-vous ensuite dans la section **Paramètres** de votre interface de contrôle Gmail.
3. Dans l'onglet **Comptes et importation**, dans la zone **Vérifier les messages avec le protocole POP3**, cliquez sur **Ajouter un compte de messagerie POP3**. Renseignez les données demandées : adresse de messagerie et noms des serveurs de courrier.

Vous allez désormais recevoir les messages destinés à cette adresse sur votre compte Gmail. Vous pouvez rediriger plusieurs adresses sur une unique boîte de réception Gmail si vous le souhaitez. Il ne vous reste plus qu'à ajouter le compte Gmail dans la configuration pour Mail de votre iPad, ce qui ne devrait poser aucun souci. Le tour est joué !

## Consultez vos messages

Vous pouvez désormais consulter vos courriels. Observez l'icône **Mail**. Une pastille rouge indique le nombre de messages non lus.

Les messages dans Mail sont beaucoup plus agréables à consulter en mode paysage, car le volet d'aperçu ne les recouvre pas. Faites pivoter l'iPad pour un plus grand confort. La suite de ce chapitre montre Mail en mode paysage.

L'accueil de Mail est organisé en deux parties : la liste des boîtes de réception d'un côté, le volet d'aperçu et de lecture de l'autre.

Y a pas plus pratique !

### Consultez vos messages

1. Lancez l'application Mail. La liste de tous les nouveaux courriels s'affiche dans la partie droite de la fenêtre, tous comptes confondus, classés par ordre chronologique (les plus récents d'abord).

2. La partie gauche de la fenêtre est un volet d'aperçu rapide. Pour chaque courriel reçu, au-dessous de l'expéditeur et de l'heure ou de la date de réception, l'objet du courriel apparaît, suivi d'un aperçu de quelques lignes. Pour afficher le contenu d'un message, touchez-le.

3. Si le message contient un lien, touchez-le pour ouvrir Safari sur la page correspondante. Mail reconnaît aussi les adresses et affiche le lieu correspondant dans Plans. Les numéros de téléphone peuvent être ajoutés rapidement à un contact.

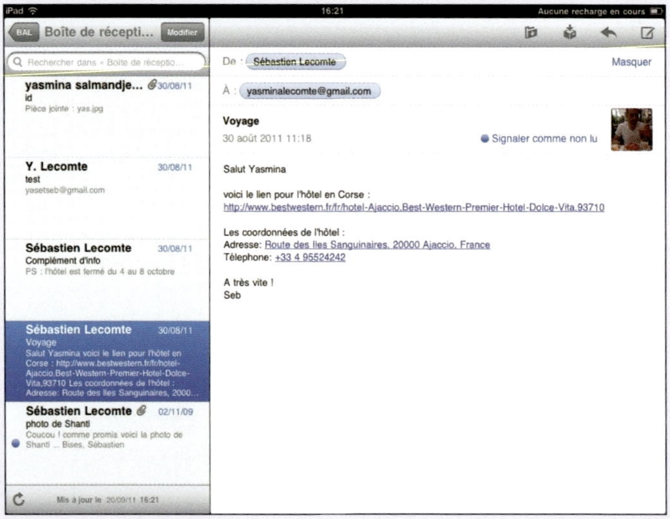

4. Lorsque le courriel contient une ou plusieurs pièces jointes, celles-ci apparaissent en fin de message. L'iPad reconnaît et affiche de nombreux formats de fichiers (consultez le glossaire en fin d'ouvrage pour plus d'informations à ce sujet).

5. Touchez une pièce jointe pour la télécharger. L'iPad reconnaît de nombreux formats de fichiers. Vous pouvez ainsi afficher dans Mail de nombreux types de documents et des photos. Si les pièces jointes sont des images, elles s'affichent automatiquement.

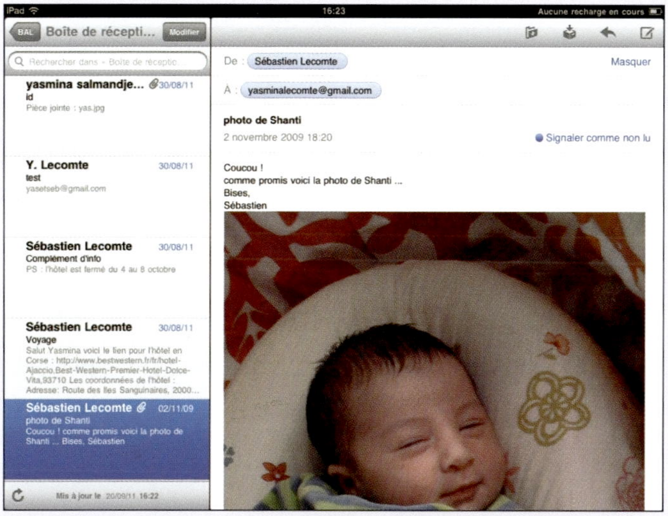


6. Pour enregistrer une ou plusieurs images reçues dans votre bibliothèque de photos, touchez longuement l'une d'entre elles. Une fenêtre vous propose d'enregistrer l'image ou toutes les images jointes au message.

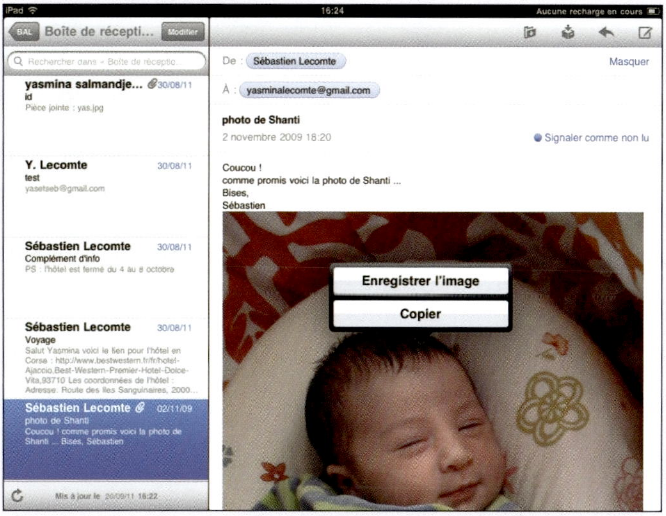

7 Touchez à tout moment le bouton pour vérifier l'arrivée de nouveaux messages.

Y a pas plus malin !

## Supprimez ou déplacez des messages

Il existe deux techniques pour supprimer les messages dans Mail. Vous pouvez aussi créer des dossiers et y déplacer les messages. Pour supprimer rapidement un message individuel, affichez la boîte de réception puis faites glisser votre doigt horizontalement sur la ligne d'aperçu du message. Touchez le bouton **Supprimer**. Pour supprimer rapidement plusieurs messages ou les déplacer dans un dossier, touchez **Modifier** en haut de la boîte de réception. Sélectionnez les messages en touchant le cercle blanc qui apparaît à gauche de chacun d'eux. Touchez **Supprimer** ou **Déplacer**, puis choisissez éventuellement le dossier de destination.

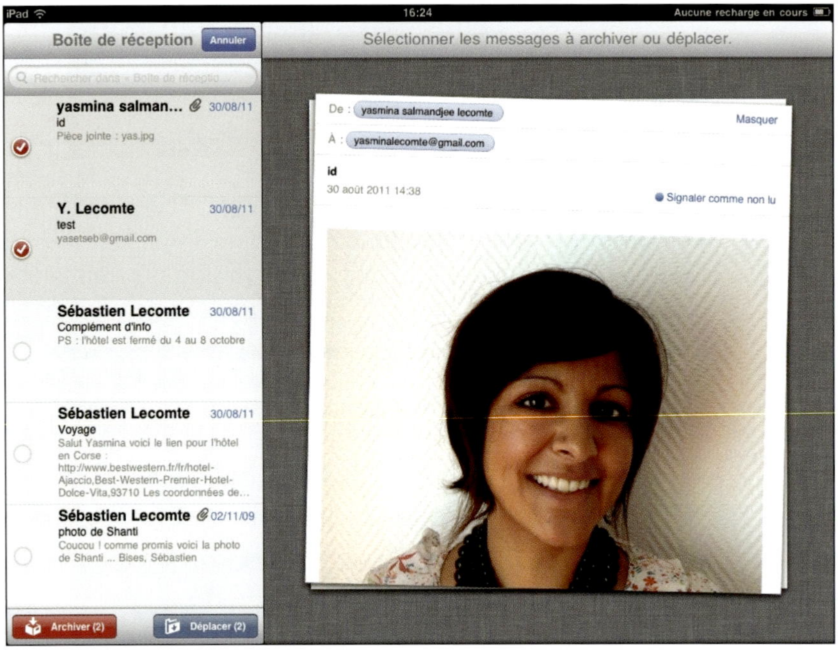

Y a pas plus malin !

### Si vous utilisez plusieurs comptes

L'organisation de Mail est pensée pour que vous puissiez consulter vos nouveaux courriels en un minimum de manipulations, surtout lorsque vous jonglez avec de nombreuses adresses. Vous n'aurez en effet que rarement besoin d'accéder aux messages envoyés ou aux brouillons, les nouveaux messages étant ce qui vous intéressera probablement le plus. Dans la partie gauche de Mail, touchez **Toutes les boîtes** pour voir en une seule fois tous les nouveaux courriels de toutes vos boîtes confondues, ou touchez le nom d'une boîte de réception spécifique pour voir uniquement les courriels reçus à cette adresse. Bien sûr, si vous n'avez qu'un seul compte de messagerie, c'est encore plus simple !

## Répondez à un message ou transférez-le

Rien de plus simple pour envoyer un message que de répondre à un message reçu. Vous n'aurez ainsi même pas à saisir l'adresse e-mail du destinataire.

Y a pas plus pratique !

### Répondez à un message ou transférez-le

1. Affichez le message dans Mail.
2. Touchez le bouton **Répondre** dans la barre d'outils.
3. Touchez l'option **Répondre** du menu. Remarquez aussi l'option **Transférer**, qui permet de faire suivre un message. Vous devrez alors indiquer l'adresse du destinataire du message transféré.

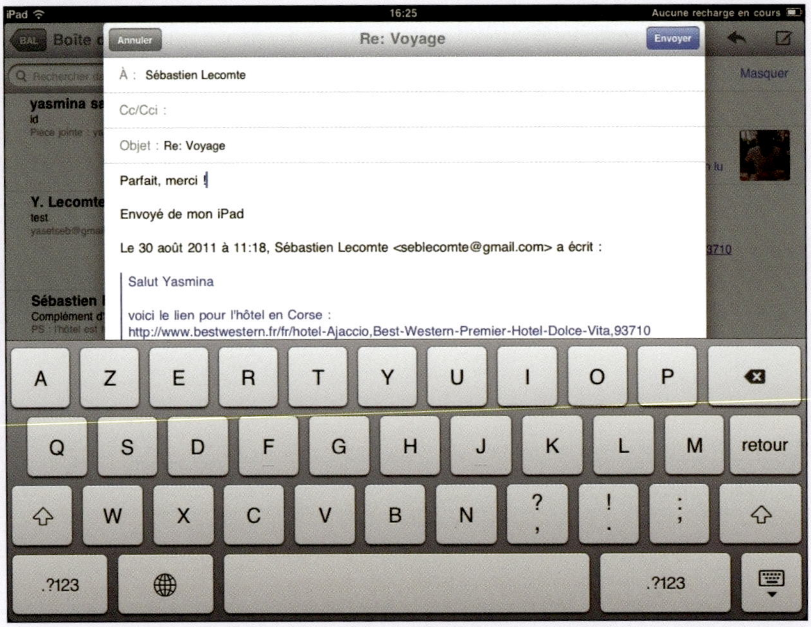


4. Un nouveau message est automatiquement créé.
5. Écrivez votre réponse dans la zone d'édition.

6. Vous pouvez ajouter des destinataires en touchant la zone **À** :, ainsi que des destinataires en copie ou en copie cachée (touchez la zone **Cc** : ou **Cci** :).

7. Vous pouvez modifier l'objet du message. Touchez la zone **Objet** :.

8. Une fois votre réponse complétée, touchez **Envoyer**.

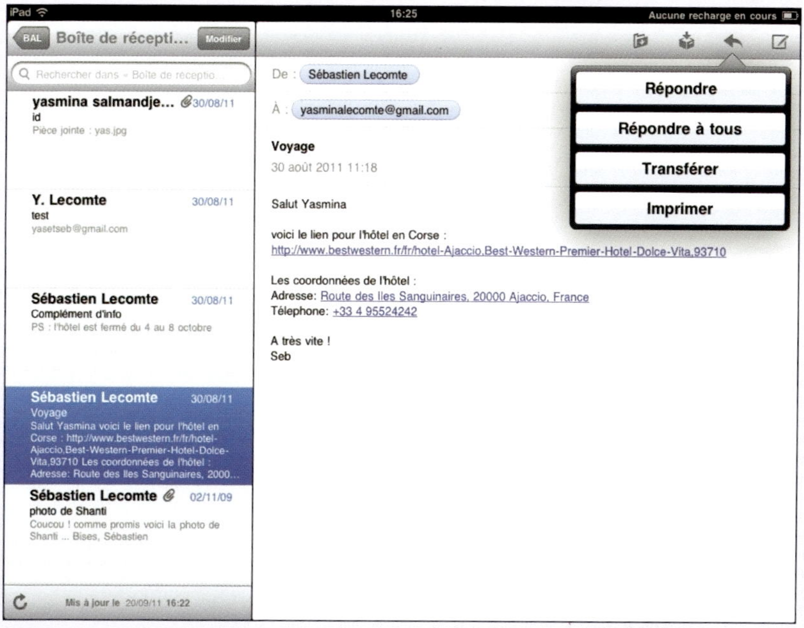


Y a pas plus malin !

## Effectuez une recherche dans les messages

Pour effectuer une recherche dans les messages, vous pouvez bien sûr procéder comme au chapitre 1. Cette méthode est généraliste et vous permettra de retrouver tous les messages contenant un mot-clé. Pour une recherche plus précise, utilisez le champ **Recherche** de Mail.

# Envoyez un message

Pour créer de toutes pièces un message, c'est très simple. Vous devez connaître l'adresse e-mail du ou des destinataires.

Y a pas plus pratique !

## Créez un message

1. Touchez le bouton **Nouveau message**.
2. Saisissez l'adresse de messagerie de votre destinataire dans la zone **À** :. Vous pouvez indiquer plusieurs destinataires. Touchez éventuellement **Cc/Cci** : pour ajouter des destinataires en copie ou en copie cachée.
3. Touchez **Objet** : et saisissez le sujet du message.
4. Touchez la zone d'édition et saisissez votre message.
5. Touchez **Envoyer**.

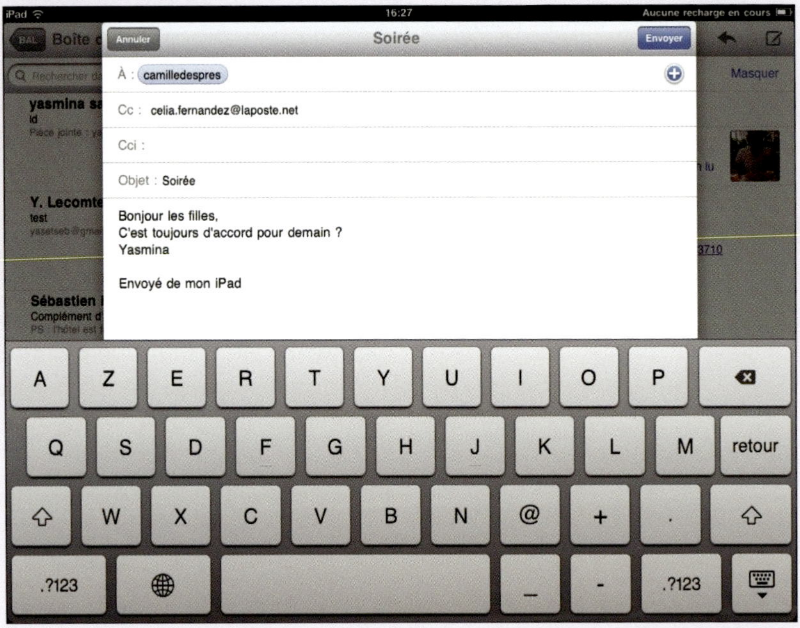

## Y a pas plus clair !

### Envoyé de mon iPad

La signature par défaut des messages est « Envoyé de mon iPad ». Vous pouvez l'éditer dans chaque message, mais pour changer de signature par défaut, touchez **Réglages** puis **Mails, Contacts, Calendrier**. Défilez vers le bas et touchez **Signature**.

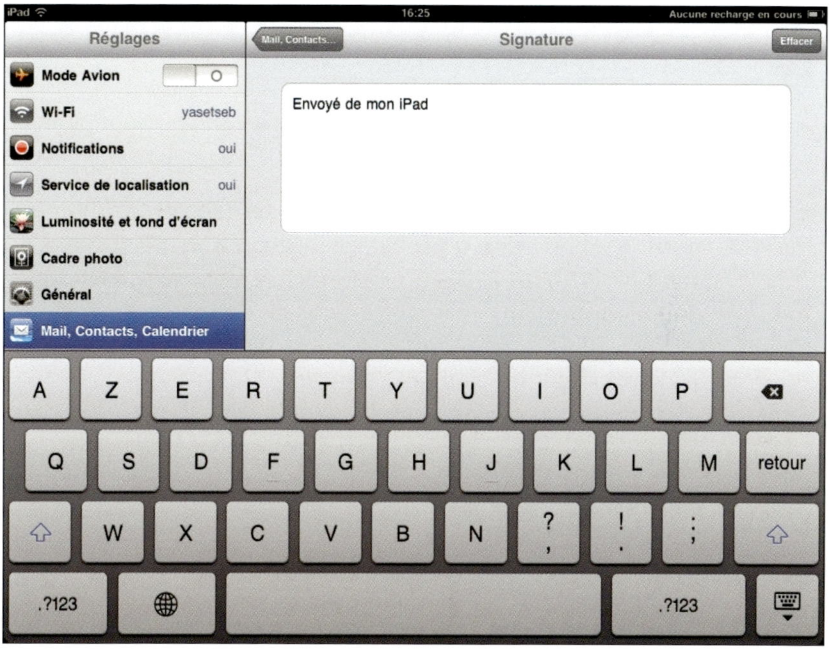

# Gérez vos contacts

Vous avez peut-être remarqué une icône **Contacts** sur l'écran d'accueil. Cette application permet de gérer votre carnet d'adresses. Vous accéderez toutefois souvent aux contacts depuis Mail. Voici quelques astuces pour gérer vos contacts et messages avec efficacité.

Y a pas plus pratique !

## Créez un contact rapidement

1. Avec Mail, vous pouvez créer rapidement un nouveau contact à partir de l'adresse d'un expéditeur ou d'un destinataire du message : lorsqu'un message est affiché, touchez simplement la bulle bleue contenant l'adresse ou le nom.

2. Touchez **Créer un nouveau contact**.

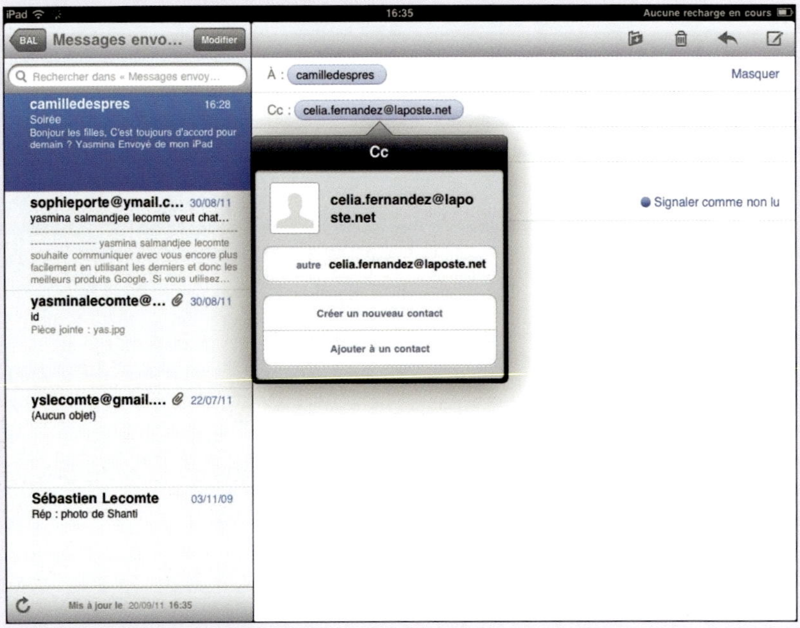


3. Remplissez la fiche contact qui apparaît. Touchez **Ajouter une photo** pour sélectionner une image dans votre bibliothèque. Vous pouvez ajouter toutes sortes d'informations à un contact.

4. Pour terminer, touchez **OK**.

5. Par la suite, l'iPad reconnaîtra l'adresse du contact dans Mail et vous pourrez afficher des informations détaillées en touchant son nom.

6. Vous pouvez aussi créer un nouveau contact de toutes pièces en touchant le bouton **+** en bas de l'application Contacts.

7. Remplissez tous les champs de votre choix et ajoutez éventuellement une photo.

8. Touchez le bouton **OK** pour enregistrer la fiche contact.

# Chapitre 4

# Passez des appels vidéo avec FaceTime

Grâce à la présence d'une caméra à l'avant et à l'arrière de la tablette, l'iPad propose un prolongement inédit et fascinant de Mail pour communiquer avec vos proches : les appels vidéo ! *Via* l'application FaceTime, c'est aussi simple qu'agréable.

- Configurez FaceTime
- Passez un appel vidéo
- Recevez des appels FaceTime

## Passez un appel vidéo

Une fois FaceTime configuré, il ne vous reste plus qu'à trouver un contact disponible et lancer un appel vidéo. Notez que votre carnet d'adresses doit être renseigné avec les coordonnées de vos contacts au préalable. Consultez la section « Gérez vos contacts » du chapitre 3 pour plus d'informations.

Y a pas plus pratique !

### Appelez un contact avec FaceTime

1. Une fois la configuration de FaceTime effectuée, la liste de vos contacts s'affiche.

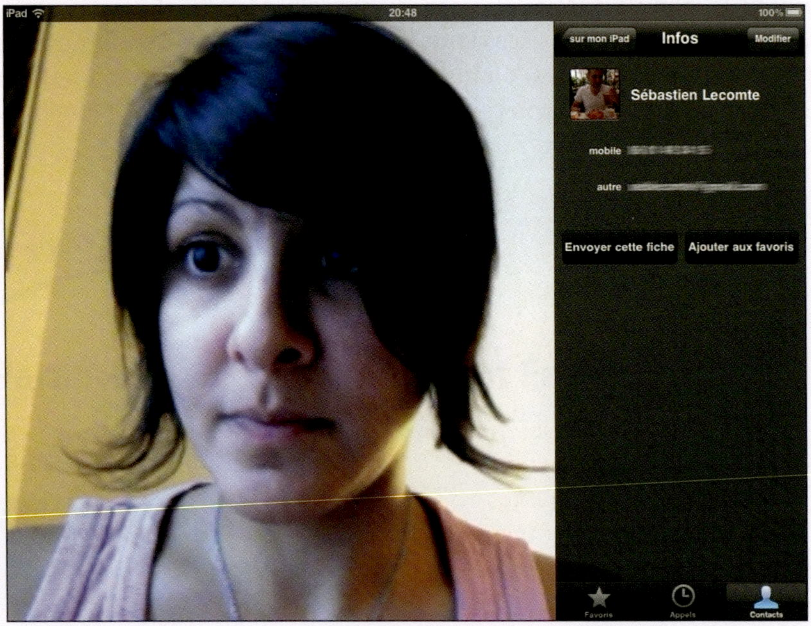


2. Pour lancer l'appel vidéo, commencez par vérifier que vous êtes bien connecté en Wi-Fi et que votre contact potentiel utilise aussi une machine dotée de FaceTime (un iPad 2, un iPhone 4 ou supérieur, un Mac, par exemple).

3. Touchez le nom d'un contact pour afficher ses coordonnées. Selon la machine utilisée par votre correspondant, touchez un numéro de téléphone (pour les propriétaires d'un iPhone) ou une adresse de messagerie (pour les utilisateurs de FaceTime sur iPad ou Mac).

4 L'appel est lancé.

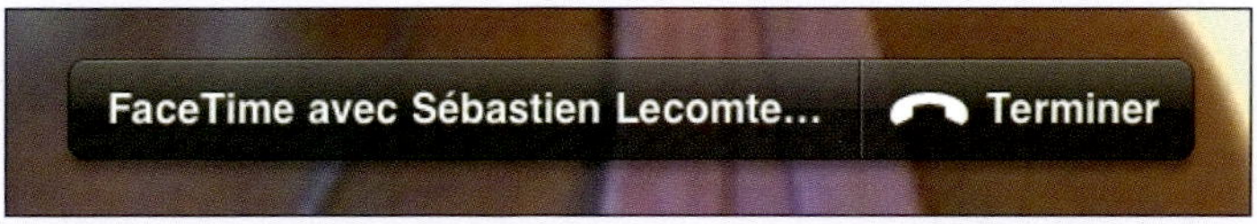


5 Sur la machine de votre correspondant, une invitation à répondre apparaît. Dès que votre contact accepte la communication, la caméra se lance et la visioconférence débute.

6 Une fois l'appel établi, vous verrez l'image de l'iPad de votre correspondant. Une vignette affiche votre image, c'est-à-dire ce que votre interlocuteur voit sur son écran. Par défaut, FaceTime utilise la caméra frontale de l'iPad (1). Votre interlocuteur peut ainsi voir votre visage. Permutez en caméra principale (2) (touchez le bouton en bas à droite de l'écran) si vous souhaitez montrer à votre interlocuteur ce que vous voyez.

7 Touchez **Terminer** pour mettre fin à la conversation vidéo.

## Y a pas plus malin !

### Quelques astuces pour FaceTime

Vous pouvez faire glisser la vignette vers n'importe quel coin de l'écran ! Vous pouvez utiliser FaceTime en mode portrait ou paysage.

Le bouton **Silence** a une utilité limitée : votre interlocuteur ne vous entendra plus, mais pourra toujours voir votre image. Quant à lui, vous le verrez et l'entendrez toujours !

Lorsque vous utilisez FaceTime, votre adresse de messagerie s'affiche sur le téléphone ou la machine de votre correspondant, comme identifiant de l'appel.

Vous pouvez désactiver FaceTime et ainsi bloquer les appels vidéo : touchez **Réglages** puis **FaceTime**, et désactivez l'option **FaceTime**.

Si vous utilisez plus d'une adresse de messagerie, vous pouvez aussi toutes les indiquer dans cet écran de réglage.

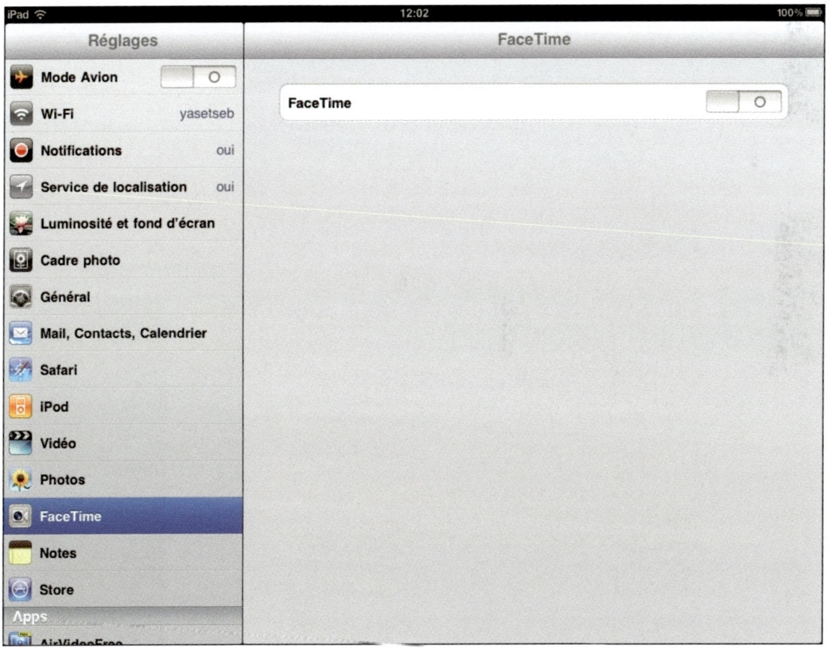

## Recevez des appels FaceTime

De la même façon que vous pouvez émettre un appel vidéo, vous pouvez en recevoir à votre tour ! Il suffit d'indiquer l'adresse de messagerie que vous utilisez pour FaceTime à vos contacts équipés d'une machine compatible (iPad, iPhone ou Mac équipé du logiciel FaceTime, par exemple).

Y a pas plus pratique !

### Acceptez une invitation FaceTime

1 Lorsque vous recevez un appel, un écran spécial d'invitation s'affiche.

2 Touchez simplement le bouton **Accepter** pour répondre à l'appel vidéo ou **Refuser** pour le rejeter.

3 Si une pastille rouge avec un chiffre s'affiche sur l'icône de l'application FaceTime, c'est que vous avez manqué un ou plusieurs appels : c'est justement leur nombre qui est indiqué dans la pastille.

4 Pour voir des détails sur les appels manqués, lancez FaceTime puis touchez le bouton **Appels** en bas dans le volet de droite.

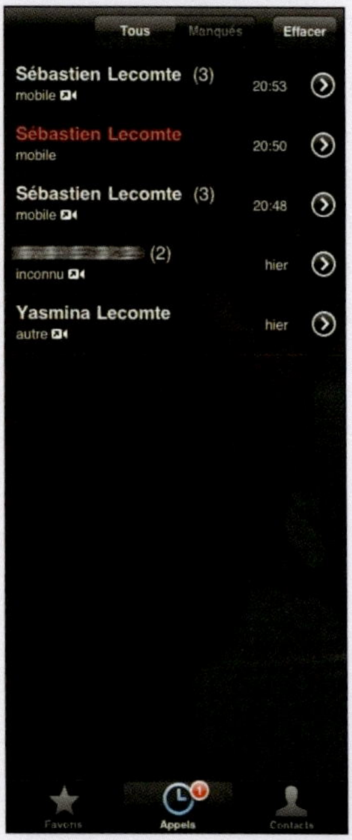

Chapitre

5

# Repérez-vous grâce à Plans

La fonction de l'iPad que nous allons découvrir à présent ressemblait encore, il y a quelques années, à un concept futuriste, digne des films de science-fiction.

Grâce au GPS, l'iPad vous localise rapidement et précisément. Grâce à l'association de ce GPS à Google Maps, le service de cartographie performant de Google, l'iPad permet de localiser votre position sur une carte, de calculer des itinéraires, de rechercher des adresses de lieux intéressants et d'afficher des informations en temps réel sur le trafic. Incontournable pour ne plus perdre le nord !

- Localisation et repérage simple avec Plans
- Visualisez les lieux avec Google Street View
- Affichez la circulation et choisissez le type d'affichage
- Recherchez une adresse ou des commerces
- Itinéraires piétons ou routiers
- Utilisez les signets et les repères

# Localisation et repérage simple avec Plans

Toutes les fonctionnalités de localisation et de repérage de l'iPad sont regroupées dans l'application **Plans.**

Y a pas plus pratique !

## Localisez votre position et orientez-vous

Vous pouvez afficher un plan et votre position, mais aussi votre orientation grâce à la boussole intégrée. Google Street View vous propose également un affichage panoramique des rues !

1. Touchez l'icône **Plans** pour lancer l'application. Touchez [icône]. Ce bouton permet l'affichage d'un plan et de votre emplacement actuel.

2. Le plan s'affiche et votre position actuelle est indiquée par un repère bleu.

3. Votre position actuelle est indiquée de manière approximative. Si l'iPad ne parvient pas à déterminer votre position de manière précise, un cercle bleu apparaît autour de votre position et sa taille indique la précision de votre localisation : plus le cercle est petit, plus la précision est grande.

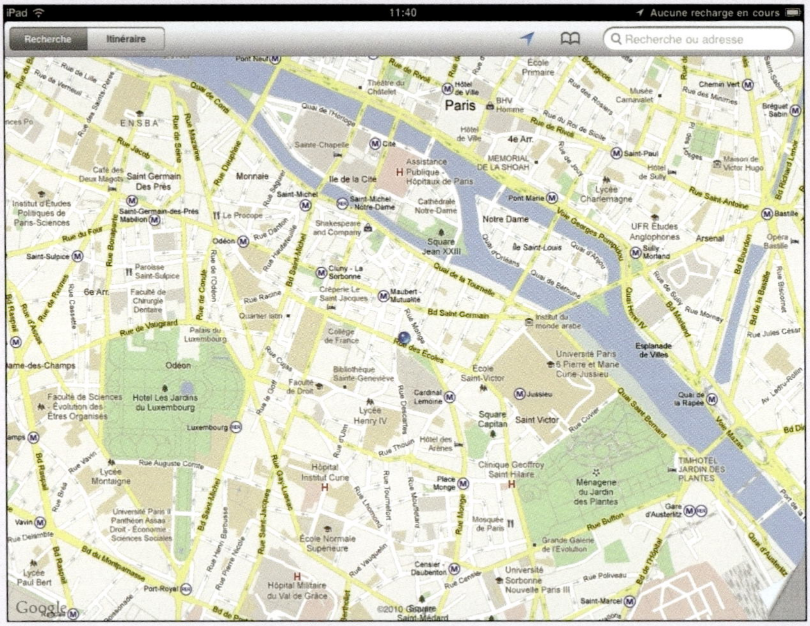

4 Déplacez-vous : l'iPad met à jour automatiquement le plan et votre emplacement, de façon qu'il reste au centre de l'écran.

5 Si vous souhaitez que Plans continue à mettre à jour votre position, sans pour autant centrer le plan en conséquence, touchez à nouveau .

6 Plans permet aussi de vous orienter : touchez à nouveau , qui devient . Plans utilise alors la boussole intégrée pour déterminer votre direction ! Pour comprendre son fonctionnement, pivotez sur vous-même.

7 L'angle indique la précision de la boussole : plus l'angle est fermé, plus la précision est grande.

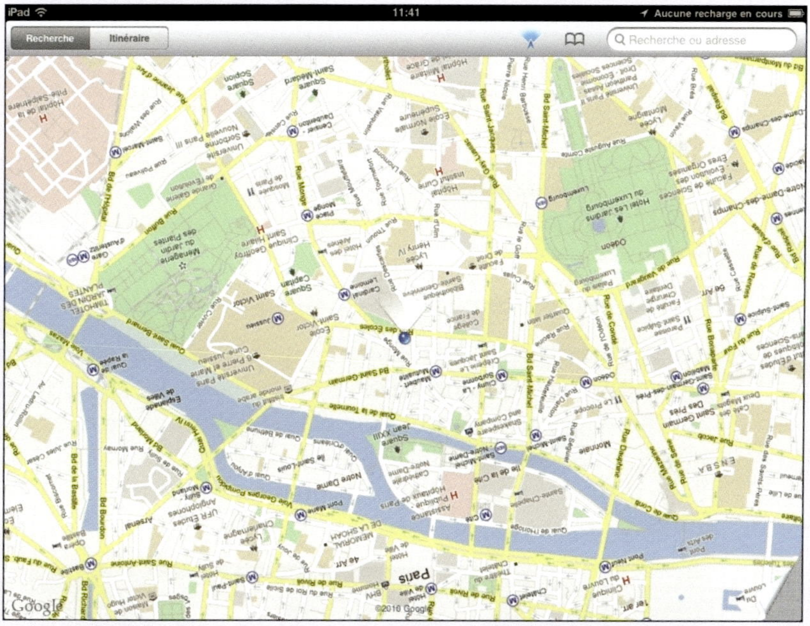


8 Touchez  pour revenir à l'affichage classique.

9 Pour obtenir des informations et options sur votre emplacement actuel, touchez le repère bleu indiquant votre position puis .

10 Dans la page **Infos** qui apparaît, vous pourrez :

- calculer un itinéraire depuis et vers ce lieu ;
- afficher la photo panoramique du lieu (si elle est disponible) ;
- associer le lieu à des contacts ;
- envoyer l'adresse par courrier électronique ou MMS ;
- ajouter le lieu à vos signets, c'est-à-dire vos adresses préférées.

Vous découvrirez ces différents outils dans la suite de ce chapitre.

## Y a pas plus malin !

### Visualisez les lieux avec Google Street View

Plans permet aussi de voir des photos de rues grâce à Google Street View, disponible dans de plus en plus de lieux du monde entier. Touchez [icône] pour activer l'affichage des photos de rues avec Google Street View (ce bouton peut ne pas être visible, car Google Street View n'est pas disponible partout). Pour revenir à la carte, touchez la partie de plan encerclée, en bas à droite.

## Affichez la circulation et choisissez le type d'affichage

L'affichage « classique » du plan n'est pas la seule option possible ! Par exemple, saviez-vous que vous pouvez afficher une vue satellite ou topographique, et même la circulation, mise à jour en temps réel ?

Y a pas plus pratique !

### Changez le mode d'affichage de Plans

1. Affichez un plan.
2. Touchez le coin inférieur droit de l'écran, puis :

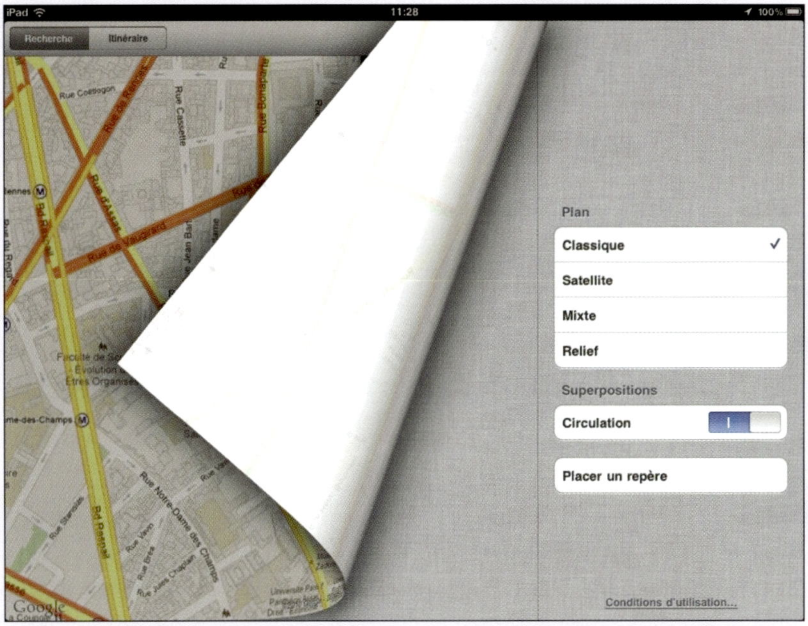


- Touchez **Satellite** pour afficher une vue satellite du plan.
- Touchez **Mixte** pour afficher un plan des rues associé à une vue satellite.
- Touchez **Relief** pour afficher la topographie.
- Activez l'option **Circulation** (touchez le curseur) pour voir en superposition sur la carte les conditions de circulation en temps réel (la circulation est représentée à l'aide de codes couleur : vert, rouge et jaune).

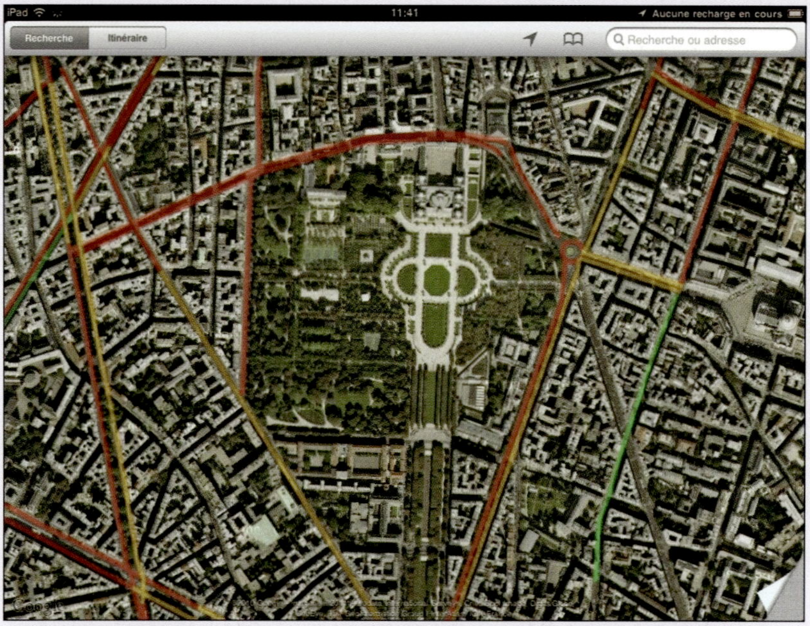


3 Pour revenir à l'affichage « normal », touchez de nouveau le coin inférieur droit de l'écran, puis **Classique**.

## Y a pas plus malin !

### Téléchargez Google Earth en complément de Plans

Google Earth, le célèbre programme qui met « le monde dans le creux de votre main », dispose désormais d'une version spécialement conçue pour l'iPad (et gratuite).

Comme avec le programme pour ordinateur, vous pouvez voyager aux quatre coins du monde et découvrir des images satellite et vues du ciel de la planète. De plus, l'application exploite les fonctionnalités de l'iPad et permet de vous déplacer ou zoomer sur le globe en effleurant l'écran. Un must !

Consultez le chapitre 11 pour savoir comment télécharger une application.

## Recherchez une adresse ou des commerces

Allons plus loin ! Plans permet d'afficher des cartes selon une adresse ou un type de commerce donné (une fonction très pratique lorsque vous devez impérativement trouver une pharmacie, un fleuriste ou un caviste à proximité, par exemple).

Y a pas plus pratique !

### Affichez un plan selon une adresse ou un type de commerce

1. Touchez le champ **Recherche** en haut d'écran.
2. Le clavier s'affiche. Saisissez l'adresse. Vous pouvez saisir une adresse complète, mais aussi un nom de lieu, une ville, une région ou un code postal. Vous pouvez aussi retrouver un lieu récemment recherché dans l'historique.
3. Touchez **Rechercher**.
4. Le plan de la zone recherchée s'affiche.
5. Une épingle indique l'emplacement. Touchez-la pour afficher le nom ou la description du lieu.

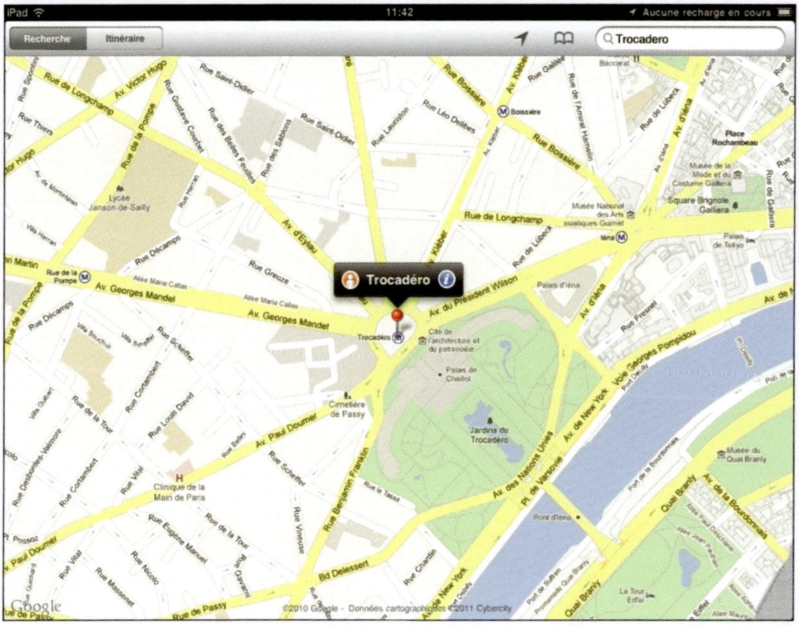

6 Pour afficher des adresses de commerçants, touchez le champ de recherche à nouveau et effacez son contenu (touchez ⊗), puis saisissez le type de commerce. Saisissez aussi le lieu (nom de la ville, par exemple) où effectuer la recherche. À défaut, la recherche se fait sur le plan actuel : pratique !

7 Touchez **Rechercher**.

8 Des épingles indiquent les commerçants correspondants trouvés. Touchez l'une d'elles pour obtenir le nom du commerce, puis ⓘ pour plus de détails : adresse, coordonnées téléphoniques et Web (si disponible) et photo du lieu. N'oubliez pas que vous pouvez utiliser les boutons de cette fenêtre pour calculer un itinéraire vers le lieu ou l'ajouter aux contacts, par exemple.

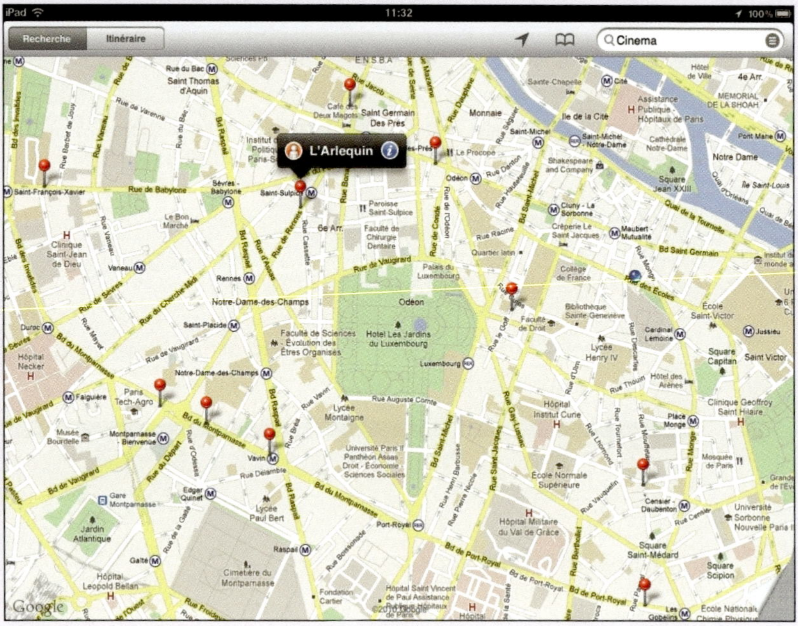

Y a pas plus malin !

## Téléchargez PagesJaunes pour iPad

L'application officielle PagesJaunes pour iPad : simple,efficace et élégante, elle devrait être installée sur 100 % des iPad ! Elle remise définitivement aux oubliettes la version papier de l'annuaire, si quelqu'un s'en sert encore.

L'application tire bien sûr parti de la fonction de géolocalisation de l'iPad pour vous permettre de trouver des professionnels autour de vous rapidement : restaurants, stations-service, taxis, fleuristes, *etc.* Vraiment très pratique.

Consultez le chapitre 11 pour savoir comment télécharger une application.

## Calculez des itinéraires piétons ou routiers

Plans est aussi très utile pour calculer précisément des itinéraires routiers ou piétons entre deux adresses. Notez qu'une option propose le calcul d'itinéraires en transports en commun, mais celle-ci n'est pas encore au point à l'heure où ces lignes sont écrites.

Y a pas plus pratique !

### Calculez un itinéraire

1. Touchez **Itinéraire** en haut d'écran.
2. Vous devez indiquer les lieux de départ et d'arrivée dans les champs correspondants. Par défaut, l'iPad sélectionne le lieu actuel comme point de départ, mais vous pouvez bien sûr le modifier. Saisissez une adresse, un lieu ou utilisez un signet pour définir les lieux de départ et d'arrivée. Au lieu de saisir le lieu de départ ou d'arrivée, vous pouvez aussi utiliser la page **Infos** correspondant à un emplacement, puis toucher **Itinéraire à partir de ce lieu** ou **Itinéraire vers ce lieu**, respectivement.
3. Touchez **Rechercher**.
4. L'itinéraire est calculé et s'affiche, avec un repère vert pour le point de départ et un rouge pour l'arrivée. La distance et une estimation du temps de trajet s'affichent.

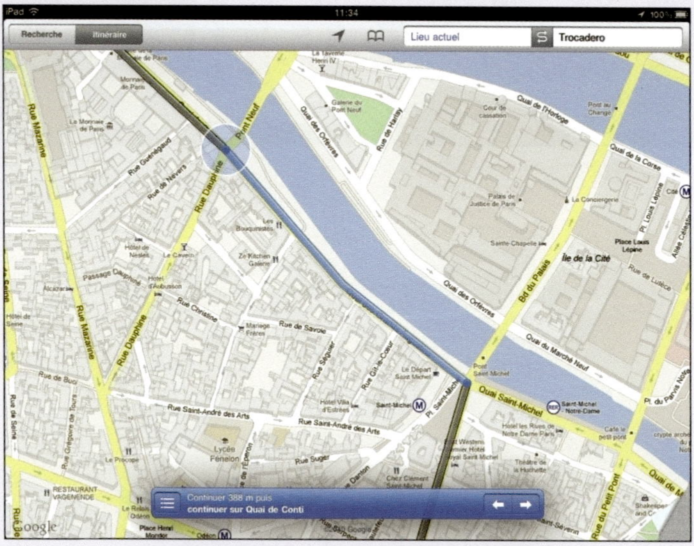

5. Choisissez le type d'itinéraire en bas d'écran :
   - Touchez [voiture] pour obtenir l'itinéraire routier.
   - Touchez [bus] pour obtenir l'itinéraire en transports publics.
   - Touchez [piéton] pour obtenir l'itinéraire piéton.

6. Pour afficher l'itinéraire étape par étape, touchez **Démarrer**. Suivez les instructions, puis touchez [←] pour avancer d'une étape.

7. Vous pouvez aussi afficher l'itinéraire sous la forme d'une liste : touchez [☰].

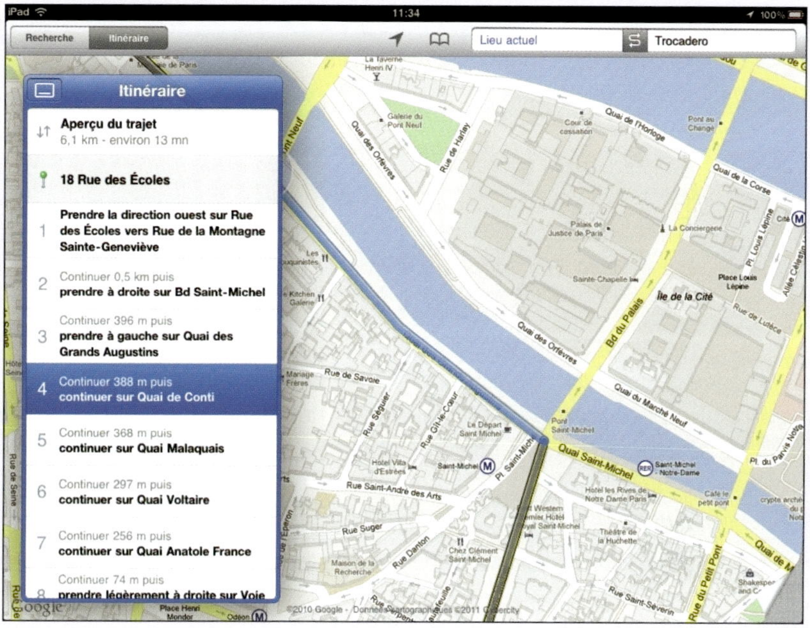


Y a pas plus malin !

## Calculez l'itinéraire de retour

Pour inverser les lieux de départ et d'arrivée de l'itinéraire, et calculer le chemin de retour, touchez [⇅].

## Utilisez les signets et les repères

Pour terminer ce chapitre, faisons connaissance avec un concept très pratique pour enregistrer vos lieux préférés dans Plans : les signets et les repères.

### Y a pas plus clair !

#### Signets et repères

Les **signets** sont des emplacements que vous souhaitez retrouver facilement ou fréquemment, vos « lieux favoris » en quelque sorte.

Vous pouvez aussi utiliser des **repères**, pour enregistrer des emplacements de manière temporaire.

### Y a pas plus pratique !

## Créez un repère et ajoutez un lieu aux signets

1. Touchez longuement le plan à l'emplacement où vous souhaitez ajouter le signet.Une épingle violette apparaît sur le plan. Avant de relâcher l'écran, faites-la glisser plus précisément vers l'endroit de votre choix.

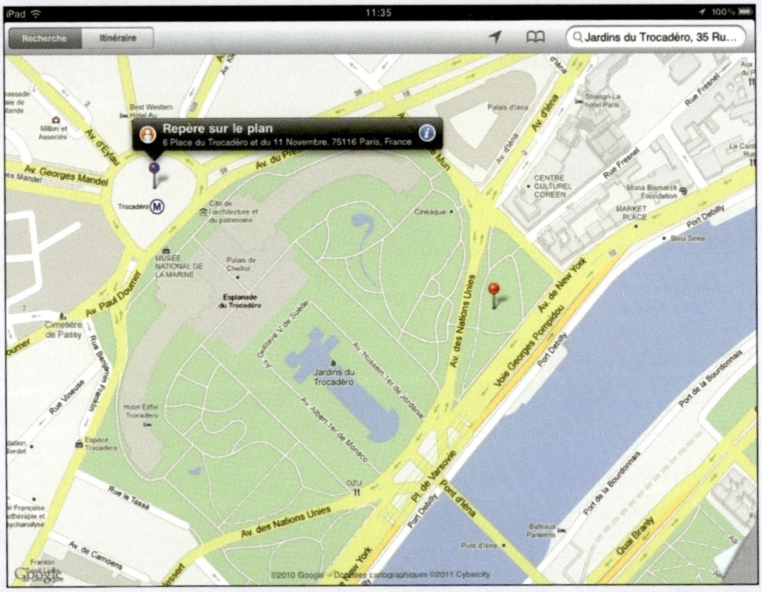

2 Une fois le repère placé, vous pouvez le déplacer en le touchant longuement puis en le faisant glisser.

3 Pour ajouter un emplacement aux signets, celui-ci doit déjà être identifié par un repère. Vous pouvez créer le repère manuellement ou par la recherche de commerces, comme expliqué précédemment. Touchez le repère associé au lieu.

4 Touchez ⓘ puis **Ajouter aux signets** en bas à droite de la fenêtre.

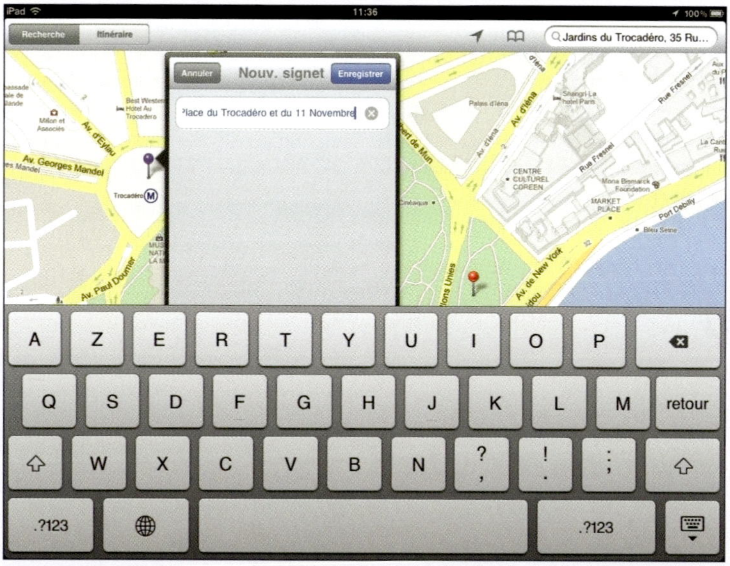


5 Vous pouvez modifier le nom du signet pour le retrouver plus facilement. Touchez **Enregistrer**.

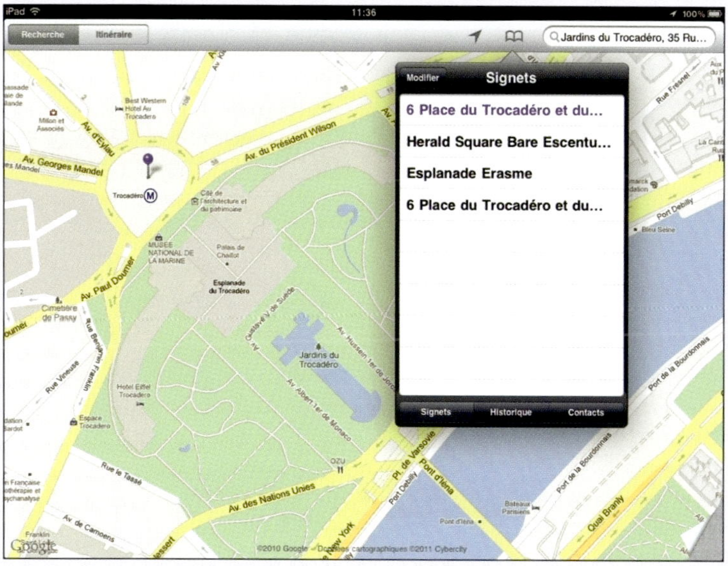

6 Pour afficher rapidement un plan centré sur un signet, touchez dans le champ de recherche, puis **Signets**.

7 Touchez le nom du signet dans la liste.

8 La carte s'affiche, centrée sur le signet. Vous pouvez ainsi utiliser un signet pour calculer rapidement un itinéraire depuis ou vers le lieu.

Y a pas plus malin !

### Faites appel à l'historique ou aux adresses des contacts

Touchez **Historique** au lieu de **Signet** pour accéder aux lieux que vous avez recherchés récemment. Si vous avez renseigné l'adresse de l'un de vos contacts, vous pouvez aussi l'utiliser : touchez **Contacts**, puis le nom du contact.

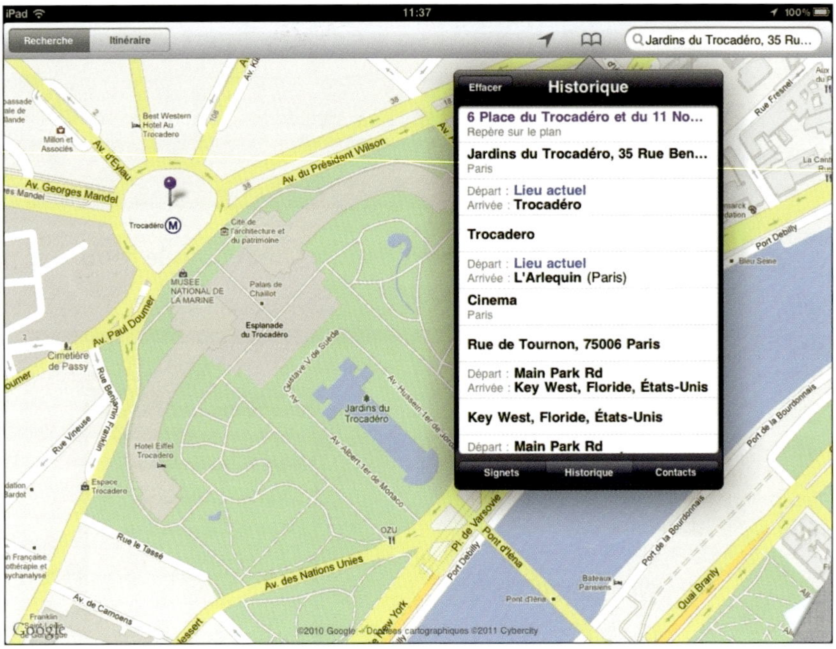

# Chapitre 6

# Prenez des photos et filmez

L'appareil photo de l'iPad est très simple : sa résolution et la qualité d'image produite par la caméra HD sont correctes, mais il n'offre aucune fonction complexe digne des appareils photo ou Caméscopes numériques. Néanmoins, grâce à la connexion à Internet, vous pourrez partager vos photos et petits films immédiatement avec vos proches ou sur le Web, ou encore utiliser des applications ludiques pour les transformer.

Par ailleurs, grâce à son superbe écran, l'iPad offre une nouvelle manière de visualiser vos photos : par albums ou sous la forme de diaporamas en musique, avec des effets de transition originaux.

- Découvrez l'appareil photo
- Prenez une photo ou une vidéo
- Visualisez vos photos et vos vidéos
- Partagez, utilisez et imprimez vos photos
- Partagez vos vidéos sur YouTube
- Utilisez l'iPad comme un cadre photo
- Transférez des photos de votre ordinateur vers l'iPad
- Transférez vos photos de l'iPad vers votre ordinateur
- Amusez-vous avec PhotoBooth

## Découvrez l'appareil photo

En fait, ce n'est pas un mais *deux* appareils photo qui se trouvent dans votre iPad. Grâce à deux objectifs, situés de part et d'autre de la façade de votre iPad, vous pourrez photographier et filmer ce qui se trouve face à vous, mais aussi dans votre direction...

Cette caméra frontale permet donc de vous filmer ou photographier vous-même tout en regardant l'écran ! Avant même de lancer l'appareil photo, observez votre iPad et repérez les deux objectifs :

- **Le premier, au dos, en haut à gauche du boîtier** 1. Cet objectif principal permet d'enregistrer des vidéos HD avec une résolution de 720p et offre un zoom numérique x5 pour les photos.
- **Le second face à vous lorsque vous regardez l'écran, à côté du haut-parleur, en haut** 2. Cette caméra dite « frontale » permet donc de vous filmer ou photographier vous-même, tout en regardant l'écran ! Sa qualité est inférieure à celle de l'objectif principal : il vous permet d'enregistrer des vidéos VGA et vous ne pouvez pas zoomer.

## Y a pas plus clair !

### Zoom numérique

Un zoom *numérique*, par opposition à un zoom *optique*, consiste à simplement agrandir la partie de l'image ciblée : la qualité de la photo est amoindrie.

## Y a pas plus pratique !

# Prenez une photo ou une vidéo

1. Pour prendre une photo, touchez l'icône **Appareil photo** sur l'écran d'accueil.

2. Pointez l'iPad vers la scène à photographier. L'écran affiche exactement ce qui va être pris en photo. N'oubliez pas enfin que vous pouvez passer en mode paysage à tout moment. Vous verrez par la suite que l'iPad a une gestion « intelligente » du format des photos et affiche vos photos en tenant compte de l'orientation dans laquelle elles ont été prises, vous épargnant ainsi de devoir tourner l'iPad dans tous les sens lorsque vous regardez vos photos !

3 Pour effectuer un zoom, touchez l'écran, puis faites glisser le curseur situé en bas de l'écran.

4 Le cadre carré affiché en surimpression indique la zone de mise au point. Touchez la zone de l'écran sur laquelle vous souhaitez faire la mise au point. C'est la zone du cadre qui doit être nette dans la photo : en général, c'est le sujet de la photo, mais vous pouvez aussi choisir un autre élément pour créer des effets originaux. L'appareil règle automatiquement l'exposition de la photo sur la zone sélectionnée.

5 Pour changer de vue, et vous photographier vous-même, par exemple, touchez le bouton de permutation en haut à droite. L'iPad utilise désormais l'objectif situé sur la face avant. Chaque fois que vous touchez à nouveau le bouton de permutation, vous changez d'objectif.

6 Touchez le bouton en bas d'écran pour déclencher la prise de vue. Bien que l'obturateur ne soit pas réel, vous en verrez une représentation à chaque prise de vue, pour vous signaler que la photo a été prise. Recommencez pour prendre d'autres photos.

7 L'appareil photo de l'iPad a deux fonctions : il fait aussi office de caméra vidéo ! Pour filmer, touchez le curseur en bas à droite de l'écran : il bascule sur **Vidéo**. L'appareil photo est désormais en mode « caméra ».

8 Comme lorsque vous prenez une photo, touchez le bouton de permutation pour changer d'objectif, ajustez le mode de déclenchement du flash et, enfin, touchez la zone de l'écran sur laquelle vous souhaitez faire la mise au point.

9 Touchez deux fois l'écran rapidement pour filmer en mode panoramique. Touchez à nouveau l'écran deux fois rapidement pour revenir en mode plein écran.

10 Touchez [bouton] pour lancer l'enregistrement. L'iPad filme exactement ce qui est affiché à l'écran. Le bouton affiche un voyant rouge, qui clignote tant que vous filmez. Remarquez la durée de l'enregistrement en cours en haut à gauche de l'écran.

11 Touchez à nouveau [bouton] pour arrêter l'enregistrement.

## Y a pas plus malin !

### Filmez en orientation portrait pour partager vos vidéos

Si vous souhaitez diffuser vos vidéos sur Internet, sur YouTube par exemple, il est préférable de passer systématiquement en mode paysage pour filmer.

## Visualisez vos photos et vos vidéos

L'application servant à gérer et afficher vos photos avec l'iPad est la bien-nommée Photos.

Elle permet d'accéder à votre bibliothèque de photos. Cette bibliothèque contient toutes les photos et vidéos prises avec l'iPad ou transférées depuis votre ordinateur, mais aussi celles que vous avez enregistrées depuis un e-mail ou une page Web, par exemple.

Y a pas plus malin !

### Deux autres façons d'accéder à vos photos

Pour visualiser une photo ou une vidéo immédiatement après la prise de vue, sans quitter **Appareil photo**, touchez la vignette en bas à gauche de l'écran. La bibliothèque de photos s'affiche alors. Vous pouvez revenir à l'appareil photo en touchant **OK**.

Il y a encore une autre moyen d'accéder à la bibliothèque de photos : *via* les *commandes spéciales* (rappel : les commandes spéciales s'affichent en appuyant deux fois rapidement sur le bouton Accueil puis en faisant glisser vers la droite).

Y a pas plus pratique !

## Affichez votre bibliothèque de photos

1. Touchez l'icône **Photos**, située dans le dock de lancement rapide.

2. Vos photos s'affichent, groupées par albums. L'ensemble des photos et des vidéos s'affiche sous forme de vignettes. Les vidéos sont faciles à repérer : leur durée s'affiche dans la vignette.

10 Pour lancer un diaporama, touchez le bouton **Diaporama**.

11 Vous pouvez choisir un morceau dans votre bibliothèque musicale pour accompagner le diaporama. Activez l'option **Musique à l'écoute** puis touchez **Musique** pour sélectionner le morceau.

12 Choisissez un effet de transition entre chaque photo. **Origami** affiche plusieurs photos à la fois.

13 Touchez **Démarrer le diaporama** pour lancer l'affichage.

14 Le diaporama débute et dure jusqu'à ce que vous touchiez l'écran (pour revenir à Photos) ou appuyiez sur le bouton Accueil (pour quitter l'application).

Y a pas plus malin !

## Modifiez les options du diaporama

Pour définir la durée d'affichage de chaque photo dans le diaporama, rendez-vous dans les **Réglages**, rubrique **Photos**. Vous pouvez aussi activer l'affichage en boucle (pour que le diaporama se répète) ainsi que la lecture aléatoire des photos de l'album.

## Partagez, utilisez et imprimez vos photos

L'application Photos permet d'afficher mais aussi d'exploiter vos photos : vous pouvez, par exemple, en choisir une comme fond d'écran ou l'assigner à un contact. **Photos** permet enfin de partager vos photos et vidéos, en les envoyant par courriel ou en les publiant sur Internet.

Y a pas plus pratique !

### Envoyez ou utilisez vos photos

Dans chaque cas, commencez par afficher la photo, puis touchez le bouton .

1 Pour envoyer une photo par message électronique, choisissez l'option **Envoyer par courrier**. Vous quittez Photos et un nouveau message est créé dans **Mail**, avec la photo ou vidéo déjà attachée en pièce jointe. Complétez et envoyez le message comme vous savez le faire (consultez le chapitre 3 pour plus d'informations à ce sujet).

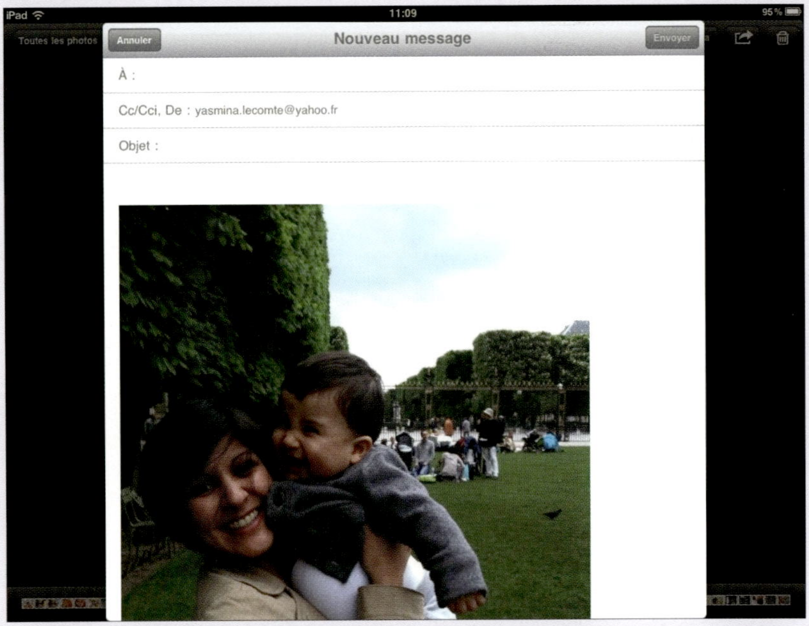


**2** Pour attribuer une photo à un contact, choisissez l'option **Assigner à un contact**. Votre liste de contacts s'affiche à droite de la photo. Défilez pour atteindre le contact de votre choix dans la liste et touchez son nom. Touchez **Utiliser**. La photo est associée au contact.

3 Pour utiliser une photo comme fond d'écran, choisissez l'option **Utiliser en fond d'écran**. Indiquez si la photo doit servir de fond d'écran pour l'iPad verrouillé, pour l'écran d'accueil ou les deux.

Grâce à ce choix, vous pouvez donc utiliser deux photos différentes pour le fond d'écran de votre iPad. La photo est définie en tant que fond d'écran. Vous pouvez en changer aussi souvent que vous le souhaitez.

4 À condition de posséder une imprimante compatible avec l'iPad, vous pouvez imprimer vos photos directement depuis l'application Photos : choisissez l'option **Imprimer**.

Consultez le dernier chapitre de cet ouvrage pour plus d'informations sur l'impression depuis l'iPad.

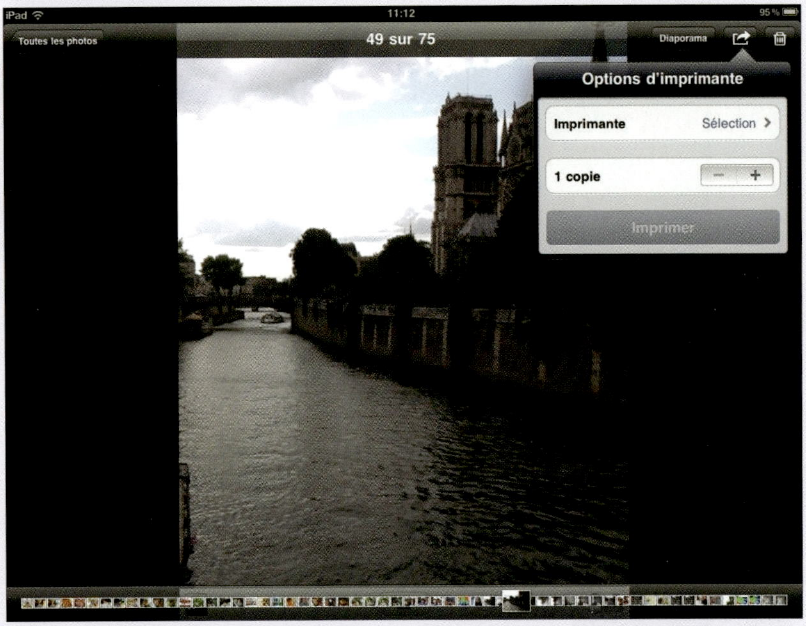

Y a pas plus malin !

## Manipulez plusieurs photos à la fois

Lorsqu'un album est affiché, touchez pour sélectionner plusieurs photos. Vous pourrez alors les envoyer par courrier électronique, les imprimer, les copier ou les supprimer de la bibliothèque.

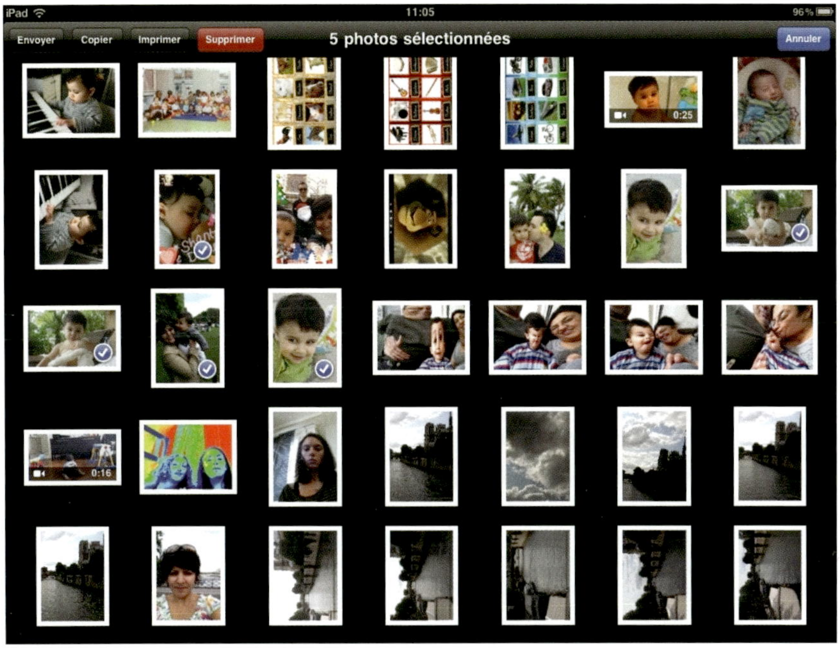

## Partagez vos vidéos sur YouTube

Vous pouvez publier directement des vidéos depuis votre iPad sur le plus célèbre site de partage de vidéos : YouTube. Vous devez posséder un compte YouTube (rendez-vous sur `www.youtube.fr` pour créer un compte gratuitement).

Attention : il n'est pas possible de publier avec votre iPad des vidéos dont la durée dépasse dix minutes sur YouTube.

Y a pas plus pratique !

### Publiez une vidéo sur YouTube

1. Affichez la vidéo et touchez [icône].
2. Touchez **Envoyer sur YouTube**.

3. Saisissez les informations demandées : titre, description, mots-clés et catégorie.

4 Touchez **Publier** pour envoyer la vidéo et patientez quelques instants. Un message indique la fin de l'opération. La vidéo est dès lors disponible sur YouTube.

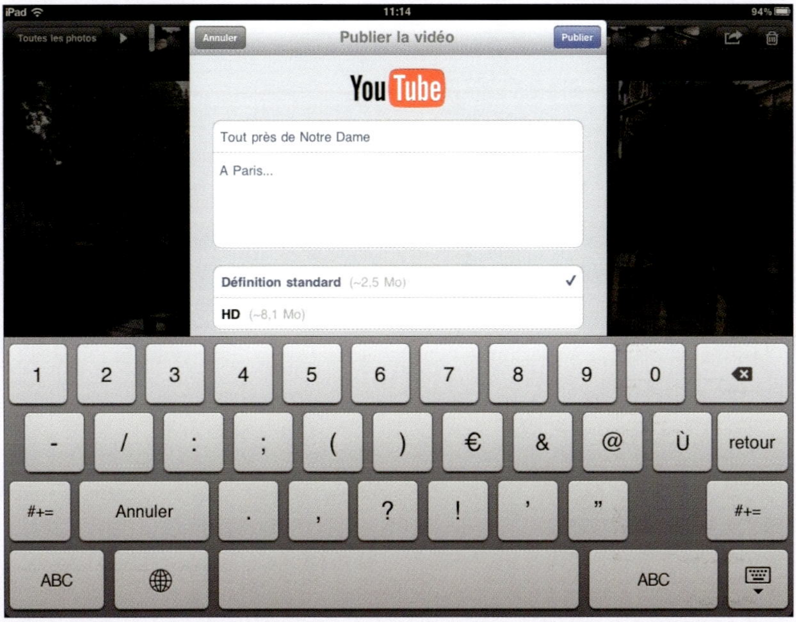


5 À la fin de l'opération, vous pouvez immédiatement créer un message pour informer vos proches de la publication de la vidéo et leur envoyer un courrier électronique avec un lien vers YouTube.

# Utilisez l'iPad comme un cadre photo

Lorsque l'iPad est verrouillé, en charge, par exemple, vous pouvez l'utiliser comme cadre photo.

Y a pas plus pratique !

## Paramétrez et lancez la fonction Cadre photo

1. Sur l'écran d'accueil, touchez **Réglages** puis **Cadre photo**.
2. Commencez par choisir un effet de transition.
3. Activez éventuellement la lecture des photos dans un ordre aléatoire. L'option **Zoom sur les visages** (indisponible avec l'effet de transition Origami) ne fonctionne que si vous avez défini l'identification des visages dans iPhoto ou Aperture sur Mac
4. Sélectionnez une partie seulement des albums à inclure dans le diaporama en touchant **Albums**, ou toutes les photos.

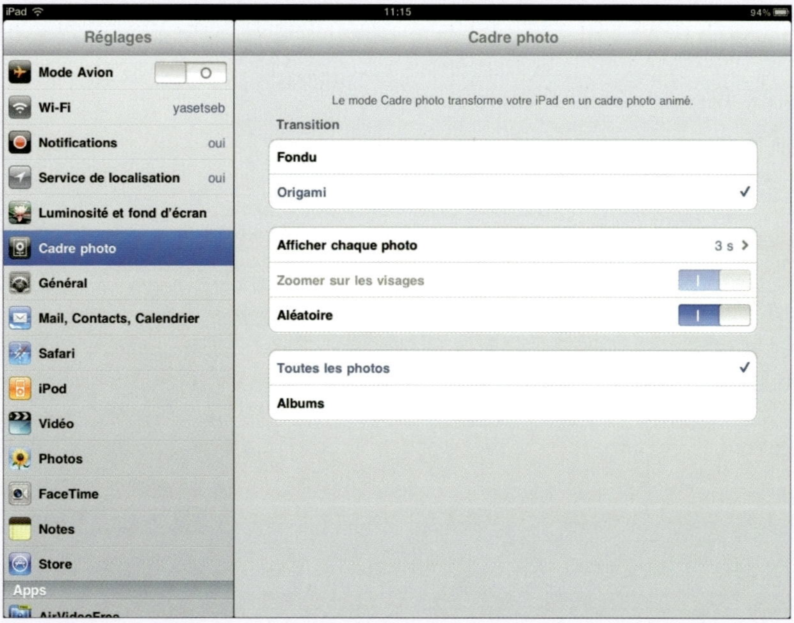

5 À présent, pour lancer la fonction **Cadre photo**, il suffit de toucher le bouton **Cadre photo** sur l'écran d'accueil, à côté du curseur **Déverrouiller**, lorsque l'iPad est en veille.

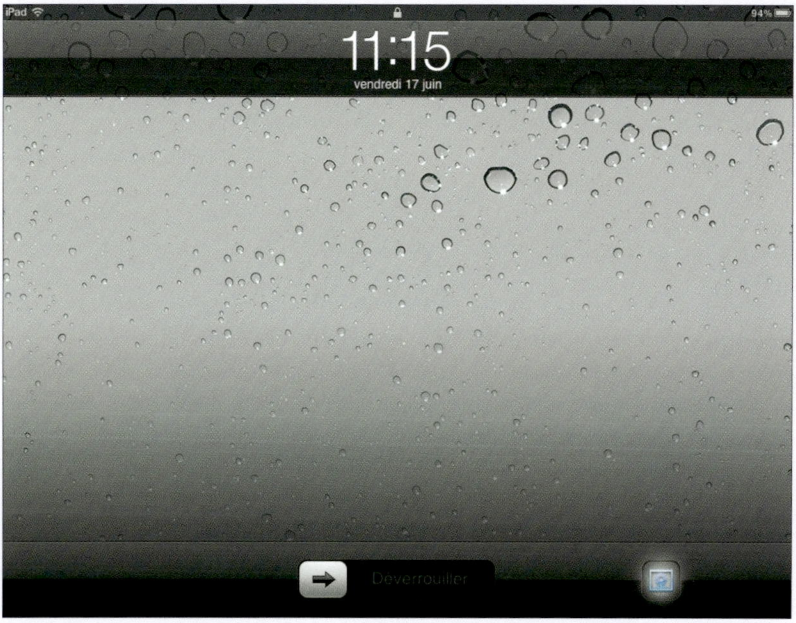


6 Il ne vous reste plus qu'à poser l'iPad et à en profiter !

7 Touchez à nouveau le bouton **Cadre photo** pour interrompre l'affichage des photos.

Y a pas plus malin !

### Bloquez la fonction Cadre photo

Si vous ne souhaitez pas que le diaporama puisse être lancé depuis l'écran verrouillé de l'iPad, vous pouvez faire disparaître le bouton : touchez l'icône **Réglages** sur l'écran d'accueil, puis **Général** dans la liste des réglages à gauche et, enfin, **Verrouillage par code**. Désactivez l'option **Cadre photo**. Le verrouillage de l'iPad par mot de passe sera approfondi au chapitre 12.

# Transférez des photos de votre ordinateur vers l'iPad

L'iPad 2 permet de prendre des photos et de les visualiser. Mais saviez-vous que vous pouvez aussi *copier* sur votre iPad des photos prises avec n'importe quel appareil photo numérique ? Il suffit en effet de les transférer depuis votre ordinateur !

Le transfert de photos de votre ordinateur vers l'iPad s'effectue à l'aide d'iTunes. Si vous n'avez pas encore installé iTunes, consultez le chapitre 1 de cet ouvrage.

Y a pas plus pratique !

## Transférez vos photos depuis votre ordinateur

1. Lancez iTunes et connectez l'iPad à votre ordinateur.
2. Patientez quelques instants, jusqu'à voir « iPad » apparaître dans la section **Appareils** de la barre à gauche.
3. Cliquez sur **iPad**. Votre iPad est désormais prêt à échanger des données avec iTunes.
4. Cliquez sur l'onglet **Photos**.

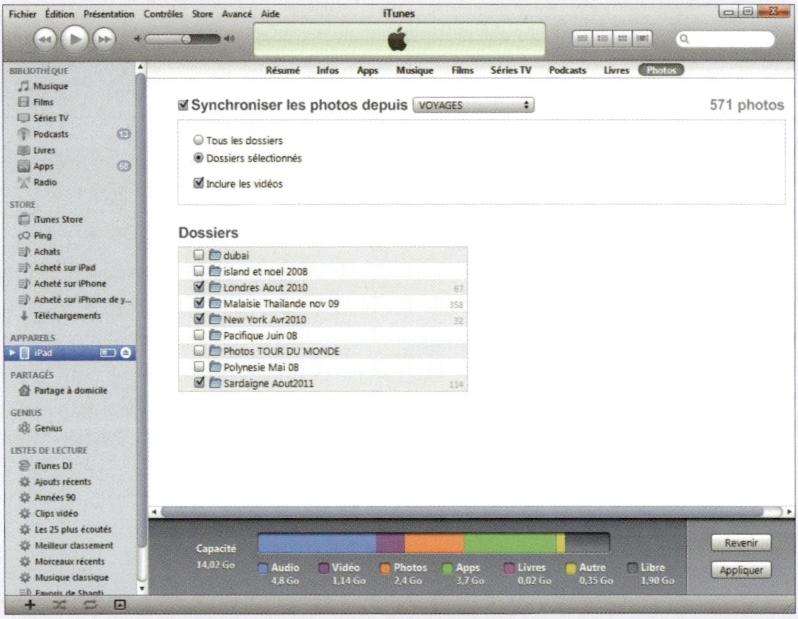

5 Activez l'option **Synchroniser les photos**.

6 Choisissez le dossier contenant vos photos sur votre ordinateur. Vous pouvez sélectionner une partie seulement des sous-dossiers à copier sur l'iPad : choisissez l'option **Dossiers sélectionnés** puis cochez les cases correspondant aux dossiers choisis dans la liste.

7 Cliquez sur le bouton **Appliquer** pour lancer la synchronisation et patientez pendant que les photos sont optimisées et transférées sur l'iPad. Cela peut être long, car l'iPad va d'abord optimiser les photos puis les copier dans sa mémoire interne depuis l'ordinateur.

8 Attention : ne déconnectez pas l'iPad pendant l'opération, c'est-à-dire tant que le message « Synchronisation en cours » est affiché à l'écran. À la fin, l'iPad reprend sa configuration normale et vous pouvez le débrancher.

9 Une fois vos photos synchronisées, vous pourrez les voir grâce à **Photos**. Chaque dossier de photos correspond à un album. Vous pouvez manipuler ces photos exactement comme celles prises avec l'iPad et les envoyer par courriel ou message, par exemple.

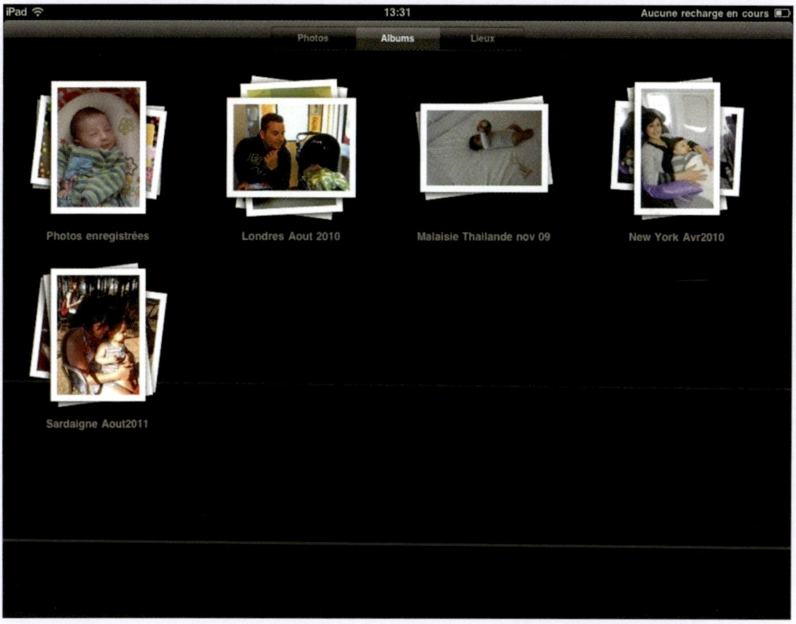

Y a pas plus malin !

## Une application pour simplifier les transferts de photos

Si vous transférez souvent des photos depuis et vers votre iPad, l'application **Photo Transfer App** vous sera particulièrement utile.

Consultez le chapitre 11 pour savoir comment télécharger une application.

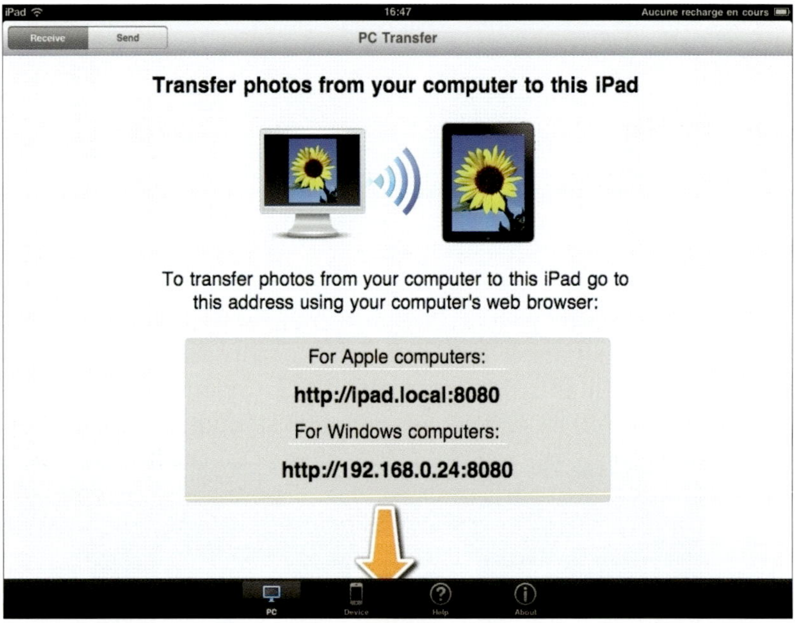


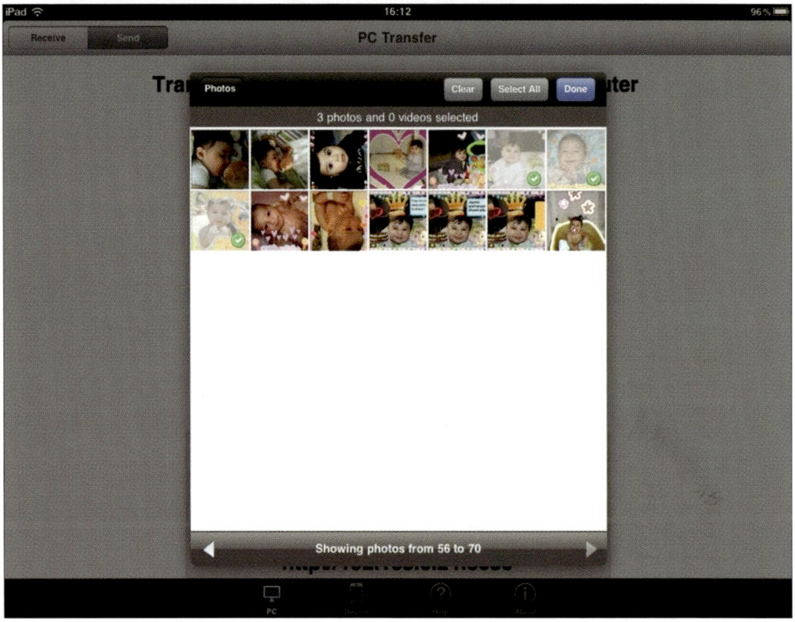

## Transférez vos photos de l'iPad vers votre ordinateur

À l'inverse de la manipulation présentée à la section précédente, vous pouvez *récupérer* toutes les photos prises avec votre iPad sur un ordinateur : c'est tout de même plus pratique que de les envoyer par courriel une par une pour les sauvegarder !

Y a pas plus pratique !

### Téléchargez les photos et vidéos vers votre ordinateur

La technique est plus simple que la synchronisation des photos avec iTunes, car l'iPad se comporte exactement comme n'importe quel appareil photo lorsque vous le connectez, à l'aide du câble USB fourni.

1. Sur Mac, sélectionnez les photos souhaitées, puis **Importer** ou **Télécharger dans iPhoto**. Sur PC, choisissez **Importer les images** ou **Ouvrir l'appareil mobile** pour importer les fichiers.

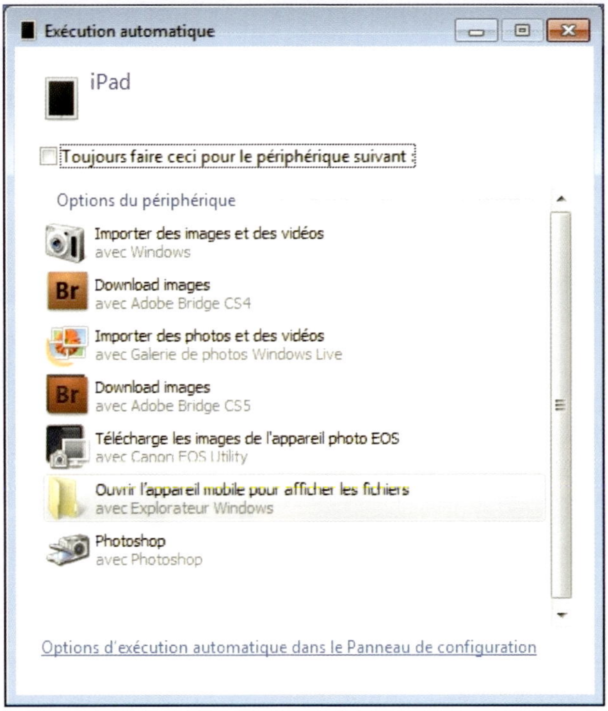

# Chapitre 7

# Écoutez de la musique

L'iPad dispose d'une fonction essentielle qui justifiait à elle seule jusqu'alors l'achat d'un appareil dédié : un iPod, ou baladeur multimédia. Intégrée à votre iPad, elle vous permet de transporter votre musique et vos vidéos où que vous alliez !

Vous découvrirez dans ce chapitre comment remplir votre iPod : en achetant des éléments sur l'iTunes Store, ou en transférant votre musique et vos vidéos depuis votre ordinateur à l'aide du logiciel iTunes. Vous verrez ensuite, bien sûr, comment y accéder sur votre iPad.

- Remplissez l'iPod
- Transférez votre musique depuis un ordinateur
- Écoutez de la musique avec l'iPod
- Utilisez les listes de lecture

# Remplissez l'iPod

Pour pouvoir écouter de la musique sur l'iPad, vous devez commencer par « remplir votre iPod », c'est-à-dire créer votre bibliothèque musicale. Il y a deux façons de le faire :

- Acheter des morceaux ou des albums complets sur l'iTunes Store, la boutique en ligne, directement depuis l'iPad.
- Transférer votre musique depuis un ordinateur.

Y a pas plus clair !

**iPod**

« iPod » est le nom de l'une des premières machines d'Apple ayant conquis les nomades mélomanes, tout en n'étant rien de plus qu'un lecteur de musique au format MP3. C'est aussi le nom de l'application qui vous servira à parcourir et écouter votre musique sur l'iPad.

Y a pas plus pratique !

## Achetez de la musique sur l'iTunes Store

1. Si vous avez déjà installé iTunes et créé votre compte, vous pouvez explorer l'iTunes Store et télécharger du contenu (majoritairement payant). L'iTunes Store utilise les mêmes informations de compte et de paiement que l'App Store. Touchez l'icône **iTunes Store** sur l'écran d'accueil et saisissez vos identifiants iTunes pour vous connecter.

2. Vous pouvez alors explorer l'iTunes Store par classements ou par thèmes, effectuer une recherche par mots-clés, *etc.* Choisissez une rubrique en haut de la fenêtre pour accéder aux rayons Musique, Séries TV, Podcasts ou Livres audio de l'iTunes Store. Vous pouvez aussi saisir un mot-clé (titre, nom d'artiste, *etc.*) dans le champ de recherche en haut à droite.

3 Pour acheter un élément, touchez le bouton **Acheter** (pour télécharger un album complet) ou le bouton indiquant le prix (pour télécharger un seul titre). Attention, cet élément vous sera immédiatement facturé !

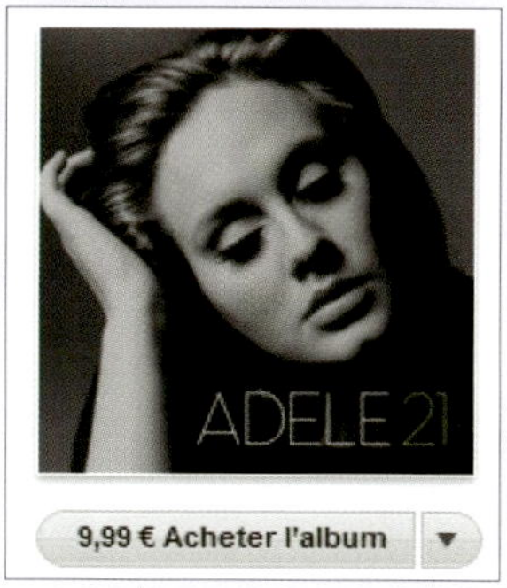

## Y a pas plus malin !

### Téléchargez l'application Remote pour contrôler iTunes à distance

L'application Remote est incontournable pour les amateurs de son ! Elle permet de contrôler la musique jouée depuis votre ordinateur (Mac ou PC) avec iTunes ou votre Apple TV, grâce à l'iPad, à distance, *via* votre réseau Wi-Fi, donc sans vous déplacer. Comme son nom en anglais l'indique, Remote transforme votre iPad en télécommande !

Consultez le chapitre 11 pour plus d'informations sur les applications.

## Transférez votre musique depuis un ordinateur

Pour transférer votre musique depuis un ordinateur, vous devez d'abord créer des *bibliothèques* dans iTunes puis synchroniser l'iPad, en le connectant à cet ordinateur.

Y a pas plus pratique !

### Transférez votre musique sur l'iPad

1. Sur votre ordinateur, lancez le logiciel iTunes puis cliquez sur le menu **Fichier**.
2. Cliquez sur **Ajouter le dossier à la bibliothèque**.
3. Cliquez sur **Sélectionner un dossier**. Pour importer la totalité de la musique ou des vidéos se trouvant sur votre ordinateur, sélectionnez la bibliothèque correspondante en entier (**Musique** dans vos bibliothèques de documents Windows ; votre dossier **Musique** sous Mac).

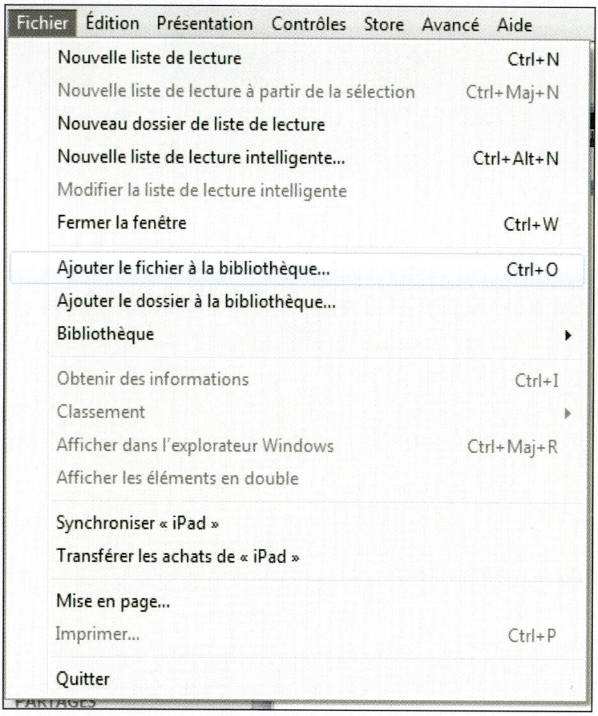

4. Patientez pendant qu'iTunes ajoute les fichiers sélectionnés à vos bibliothèques. iTunes reconnaît le type des fichiers ajoutés et les classe automatiquement dans la bibliothèque **Musique**.

5. À la fin de l'opération, vous pourrez voir vos morceaux de musique dans la bibliothèque **Musique** d'iTunes.

6. Pour synchroniser la musique, c'est-à-dire transférer le contenu de votre bibliothèque musicale iTunes vers votre iPad (tout ce qui se trouve dans la bibliothèque sera copié à l'identique sur l'iPad), connectez l'iPad à votre ordinateur à l'aide du câble fourni.

7. Patientez quelques instants, jusqu'à voir « iPad » apparaître dans la section **Appareils** de la barre à gauche. Cliquez sur **iPad**.

8. Cliquez sur l'onglet **Musique**.

9. Activez l'option **Appliquer**.

**10** Si c'est la première fois que vous synchronisez la musique, sélectionnez **Toute la bibliothèque musicale**.

**11** Cliquez sur le bouton **Appliquer** pour lancer la synchronisation.

**12** Patientez pendant la synchronisation. C'est terminé ? Bravo, vous allez pouvoir immédiatement écouter votre musique sur votre iPad.Vous pouvez maintenant déconnecter l'iPad.

Y a pas plus malin !

## Téléchargez les pochettes des albums

Pour obtenir les images des pochettes d'albums, sélectionnez tous les éléments de la bibliothèque musicale d'iTunes puis cliquez avec le bouton droit et sélectionnez **Obtenir les illustrations d'album**.

# Écoutez de la musique avec l'iPod

Pour écouter de la musique, vous devez utiliser l'iPod. Son icône se trouve par défaut dans le dock de lancement rapide, mais vous pouvez bien entendu la déplacer.

*Y a pas plus pratique !*

## Sélectionnez un titre à écouter et contrôlez la musique

1. Lancez l'iPod. Votre bibliothèque de musique apparaît.

2. Pour sélectionner un titre et l'écouter, explorez votre collection de musique ou recherchez un morceau :

- Touchez **Artistes** ou **Morceaux** pour voir la musique classée par interprètes ou par titres.
- Touchez **Listes** pour accéder à vos listes de lecture (voir « Utilisez les listes de lecture » plus loin dans ce chapitre).
- Touchez **Autre** pour voir la musique classée par albums, compilations, compositeurs ou genre, livres audio et podcasts.

- Touchez le champ de recherche pour effectuer une recherche en saisissant des lettres contenues dans le titre, le nom de l'album ou de l'artiste. Si le champ **Recherche** n'est pas visible, touchez la barre d'état pour le faire apparaître.

3 Une fois le morceau de votre choix trouvé, touchez son nom pour lancer la lecture.

4 Lorsque vous écoutez un morceau, l'écran **À l'écoute** apparaît.

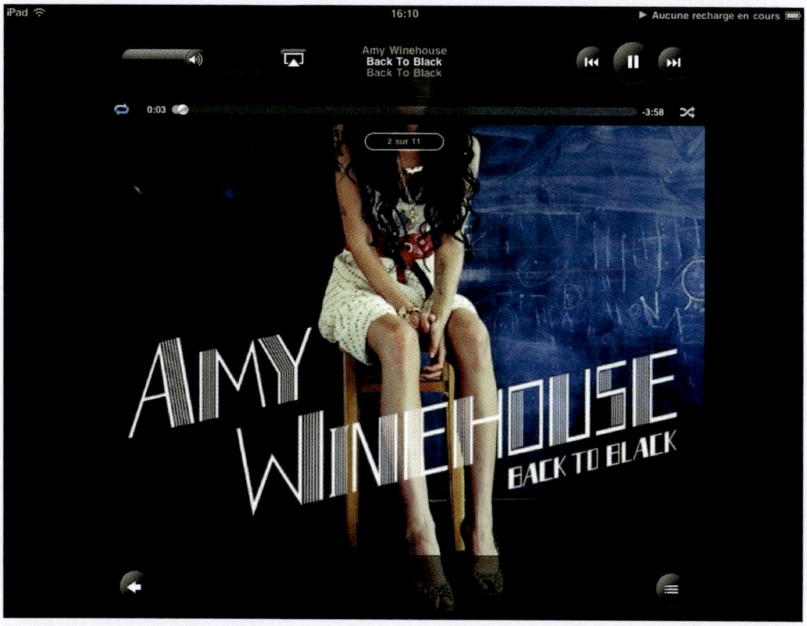


5 Utilisez l'écran tactile pour contrôler la musique :

- Touchez pour interrompre la lecture.
- Touchez pour reprendre la lecture.
- Touchez pour augmenter ou diminuer le volume (faites glisser le curseur).
- Touchez pour redémarrer le morceau ou revenir au morceau précédent (touchez deux fois rapidement).
- Touchez pour passer au morceau suivant.
- Touchez pour afficher la liste des morceaux de la sélection ou de l'album.
- Touchez pour revenir à la liste de vos morceaux et choisir un autre titre.

6 Lorsque la lecture d'un morceau est en cours sur l'iPod, appuyez sur le bouton Accueil pour quitter l'application et utiliser votre iPad normalement. La lecture ne s'interrompt pas et le symbole ▶ est visible dans la barre d'état.

7 En veille, l'iPad affiche le titre et la pochette du titre lu sur l'iPod. Pour interrompre la lecture, déverrouillez l'iPad. Relancez l'iPod et touchez ⏸.

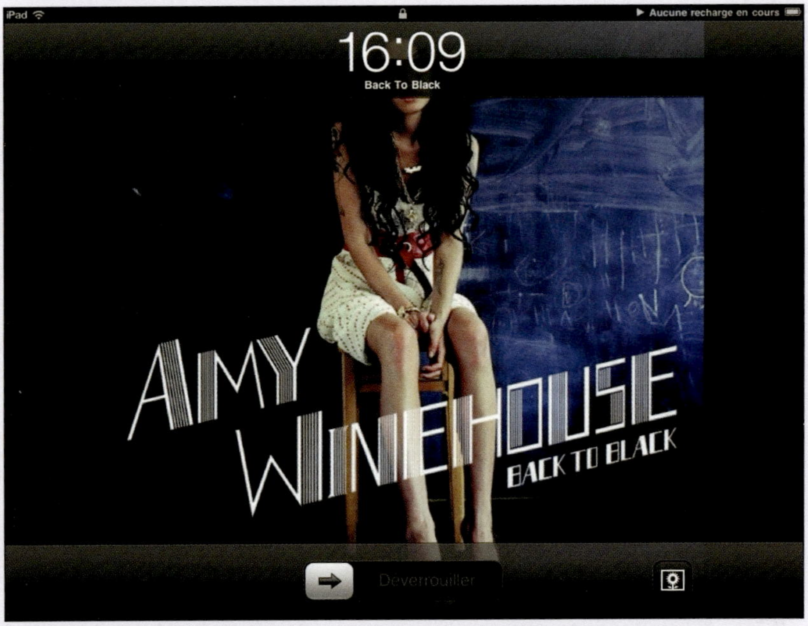


## Y a pas plus malin !

### Contrôlez la musique grâce aux commandes spéciales

Lorsque l'écran d'accueil est affiché ou lorsque vous utilisez une application, le bouton Accueil permet aussi d'accéder aux commandes spéciales, parmi lesquelles figurent les contrôles de l'iPod.

Appuyez rapidement deux fois de suite sur le bouton Accueil. Faites glisser votre doigt vers la droite dans la zone en bas d'écran : les contrôles apparaissent. Vous pouvez ainsi contrôler rapidement la musique lue par l'iPod.

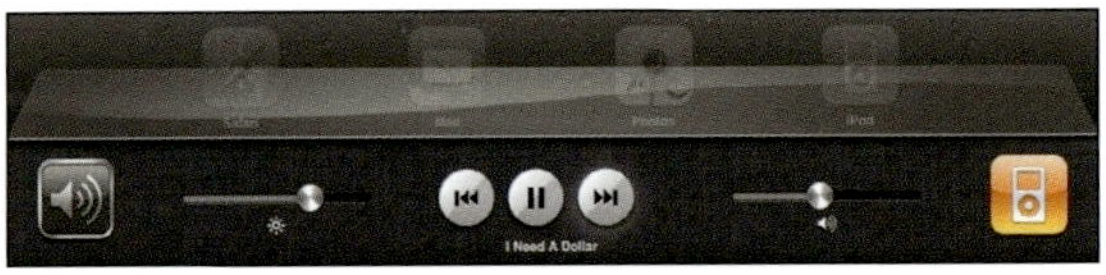

## Utilisez les listes de lecture

Par défaut, l'iPod va lire uniquement le morceau ou l'album sélectionné. Pour écouter une série de titres ne faisant pas partie d'un même album ou d'une même liste existante, vous pouvez créer une liste de lecture.

Y a pas plus pratique !

### Créez et lancez une liste de lecture

1. Touchez le bouton **+**, tout en bas à gauche de l'écran.
2. Saisissez un nom pour votre liste de lecture, puis touchez **Enregistrer**.

3. Touchez **Nouveaux morceaux** pour ajouter des titres à votre liste. Recherchez des morceaux par titres ou par artistes, à l'aide des boutons situés en bas de l'écran.
4. Touchez chaque morceau à ajouter à la liste de lecture. Les morceaux ajoutés à la liste sont grisés.
5. Vous pouvez ajouter des albums complets ou tous les morceaux d'un artiste : touchez **Albums** en bas d'écran, touchez une pochette d'album, puis le bouton **+** à côté de **Ajouter tous les morceaux**.

6. Lorsque vous avez fini, touchez **OK**.

7. Votre liste de lecture s'affiche. Touchez un morceau de la liste pour lancer la lecture. Les morceaux seront lus les uns après les autres.

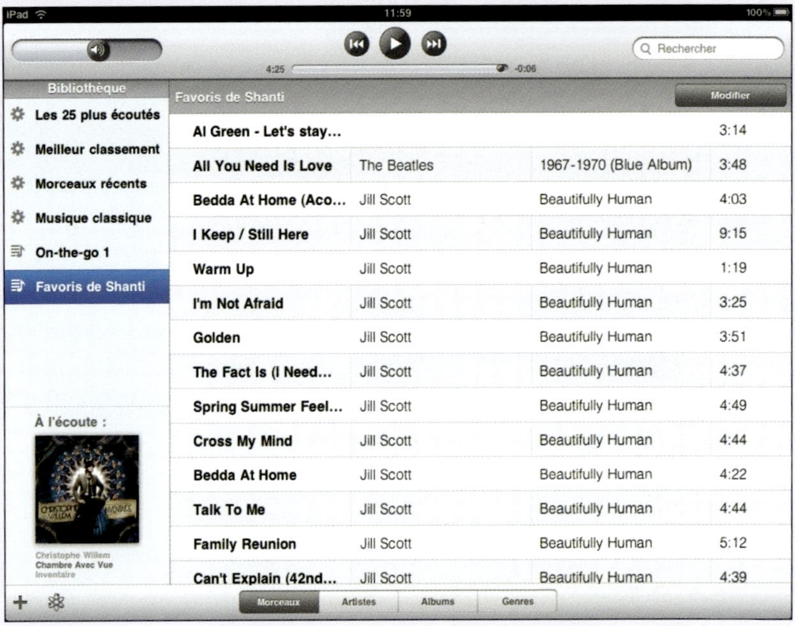

## Y a pas plus clair !

### La liste de lecture spéciale « On-The-Go »

La liste de lecture spéciale nommée « On-The-Go » est une liste temporaire qui permet d'écouter une sélection rapide de musiques, selon votre humeur du moment, sans pour autant l'enregistrer de manière durable en tant que liste.

## Y a pas plus malin !

### Téléchargez l'application Stereolizer

Il n'y a pas de tuner pour écouter la radio sur l'iPad. Heureusement, il existe des applications pour cela. En fait, à défaut de résoudre le problème, ces applications le contournent en permettant de recevoir la radio grâce à la connexion Internet.

Parmi les applications faisant office de poste de radio sur l'iPad, la plus complète et la plus efficace, tout en étant la plus élégante, est sans aucun conteste Stereolizer. La plupart des grandes radios françaises sont présentes, mais l'application donne aussi accès à plus de 10 000 radios du monde et permet aussi d'enregistrer vos musiques préférées et votre voix sur l'iPad. Consultez le chapitre 11 pour plus d'informations sur le téléchargement d'applications.

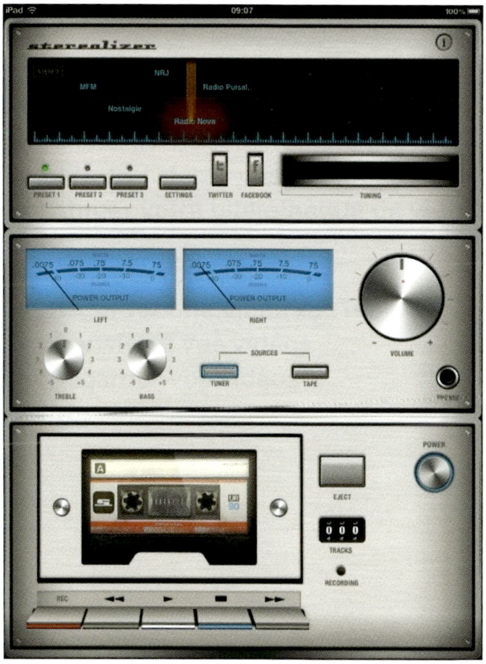

## Explorez YouTube

On trouve presque tout sur YouTube : des petits films amusants faits par des gens du monde entier, aux derniers vidéo-clips qui cartonnent ! Seul inconvénient : il faut impérativement une connexion Internet pour y accéder.

Y a pas plus clair !

### YouTube

YouTube est l'un des sites de partage de vidéos les plus connus. L'iPad vous permet non seulement d'accéder aux millions de vidéos du monde entier disponibles sur YouTube mais aussi de gérer votre propre compte YouTube et d'y publier des vidéos.

Pour obtenir des informations sur YouTube et créer un compte personnel gratuitement, rendez-vous sur `www.youtube.fr`. Vous devrez éventuellement ouvrir une session avec votre compte YouTube sur votre iPad pour utiliser certaines fonctionnalités. La consultation simple de vidéos ne demande toutefois aucune ouverture de session et peut se faire librement.

Y a pas plus pratique !

## Découvrez l'application YouTube

1. Lancez l'application YouTube en touchant l'icône du même nom sur l'écran de l'iPad.

2. Il existe plusieurs méthodes pour rechercher des vidéos.Si vous n'avez pas d'idée précise et souhaitez suivre les recommandations d'autres utilisateurs, ou laisser le hasard vous guider parmi les millions de vidéos disponibles, utilisez les listes de suggestions de YouTube :

   - **Sélection** : vidéos conseillées par l'équipe de YouTube.
   - **Cotées** : vidéos les mieux notées et les plus appréciées par les utilisateurs de YouTube.
   - **Populaires** : vidéos les plus regardées par les utilisateurs de YouTube, de la journée, de la semaine ou depuis toujours.

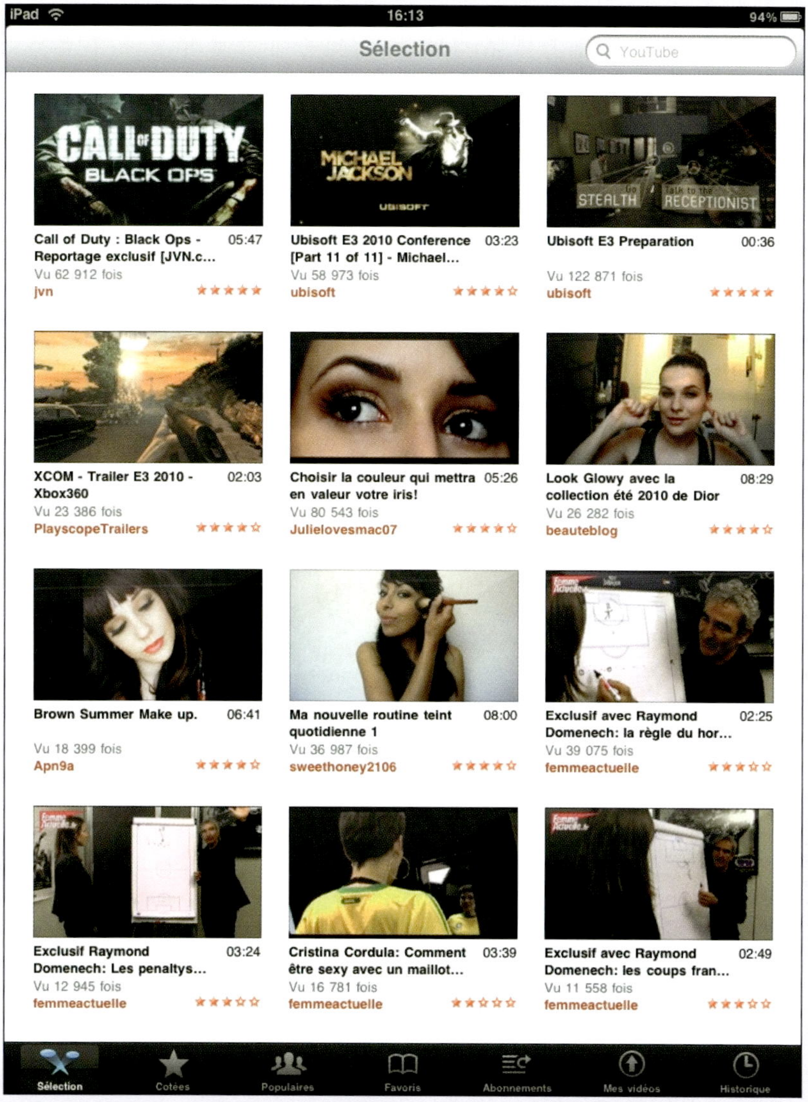


3. Touchez simplement le bouton correspondant en bas d'écran. La liste des vidéos apparaît.

4. Si vous avez en tête une vidéo bien précise (ou une thématique, un artiste, un concept), utilisez plutôt la recherche par mots-clés : touchez le champ **Recherche** en haut à droite de l'écran.

5. Saisissez un ou plusieurs mots-clés décrivant la vidéo recherchée. Vous pouvez utiliser des noms de personnes, de lieux, de pays, de thèmes, *etc.*

6 Touchez **Rechercher** sur le clavier. Pour effectuer la recherche, YouTube utilise les titres des vidéos, les descriptions, les tags et les noms des utilisateurs.

7 La liste des résultats apparaît.

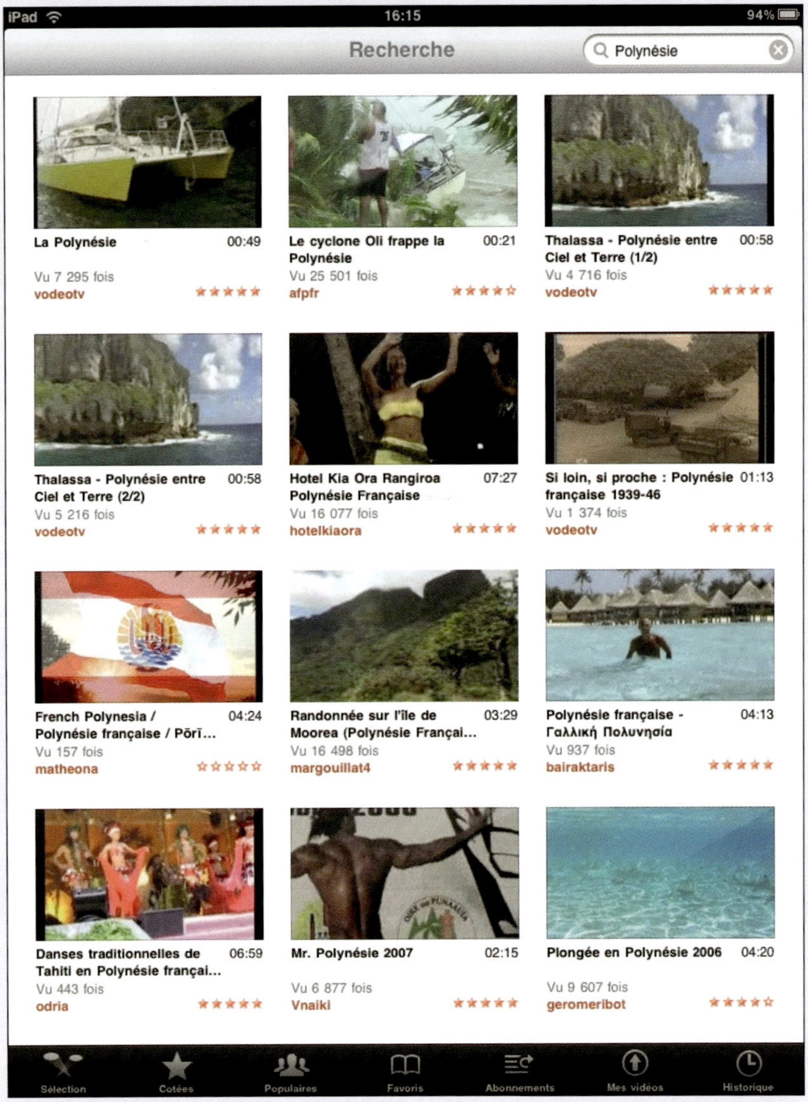


8 Touchez **Mes vidéos** pour accéder à vos vidéos personnelles. Touchez **Favoris** pour voir les vidéos que vous avez ajoutées à vos favoris. Ces deux modes de consultation exigent un compte utilisateur YouTube et l'ouverture d'une session.

## Regardez une vidéo YouTube

Que vous utilisiez les sélections ou la recherche, touchez simplement une vignette pour afficher la vidéo correspondante.

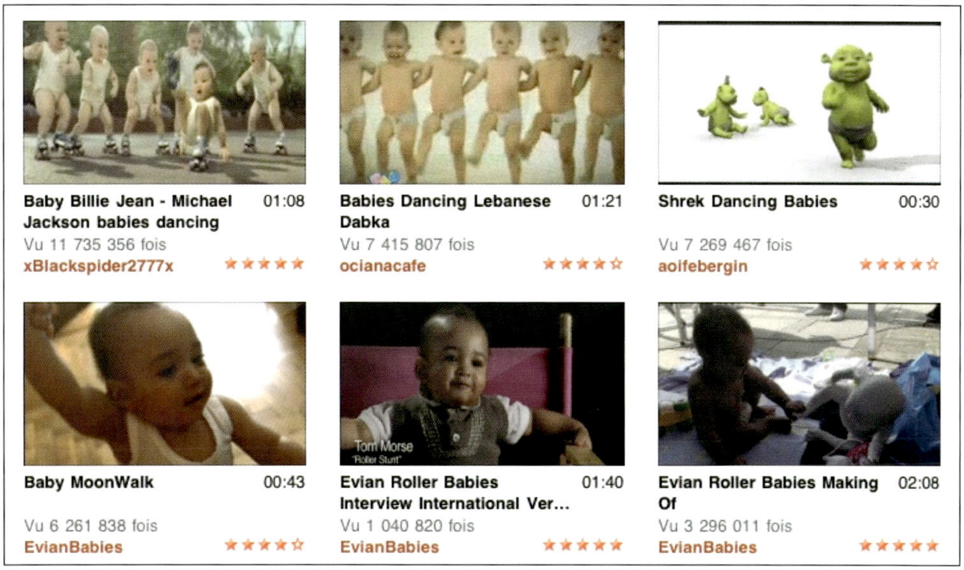


Le téléchargement de la vidéo commence et une barre de progression apparaît. Dès qu'une partie suffisante de la vidéo a été téléchargée, la lecture commence.

Les commandes concernant les vidéos sont différentes en mode portrait (lorsque vous tenez l'iPad dans le sens de la longueur) et en mode paysage (avec l'iPad dans le sens de la largeur).

Y a pas plus pratique !

### Contrôlez la lecture

1. En mode portrait, vous pouvez lire la vidéo, bien entendu, mais celle-ci n'occupe qu'une partie de l'écran. Si vous passez en mode plein écran, la vidéo n'occupe pas la totalité de l'écran.

2. L'écran affiche des commandes utiles pour ajouter la vidéo à vos favoris, la partager, l'évaluer ou la signaler. Touchez la vidéo pour voir les commandes.

3 En bas de la vidéo, des boutons permettent aussi d'accéder à des vidéos similaires et des infos supplémentaires.

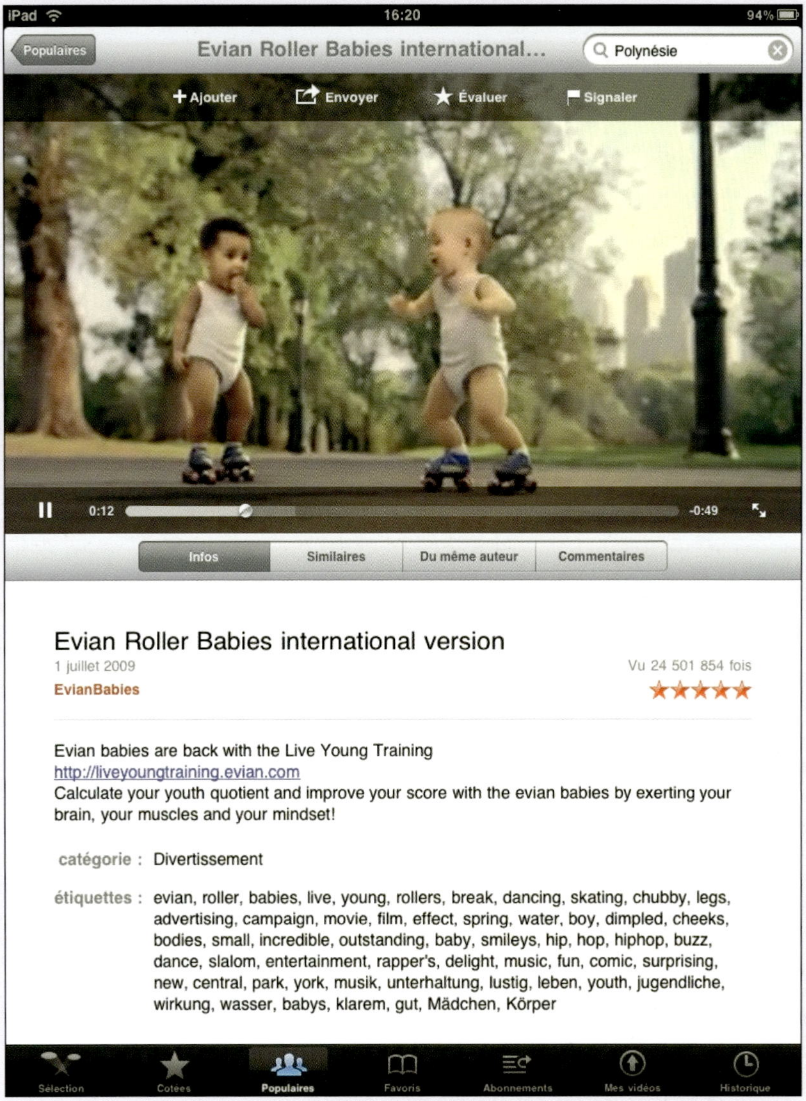


4 La plupart des vidéos YouTube sont faites pour être affichées en mode paysage, c'est-à-dire lorsque vous tenez l'iPad dans le sens de la largeur. Faites pivoter l'iPad.

5 La vidéo occupe alors le maximum d'espace disponible à l'écran.

6 Pendant la lecture de la vidéo, les commandes sont automatiquement masquées pour un plus grand confort de lecture.

7. Vous pouvez afficher les commandes à tout moment : touchez simplement l'écran. Touchez à nouveau pour les masquer.

8. Pour augmenter ou diminuer le volume, faites glisser le curseur de volume. Vous pouvez aussi, bien sûr, utiliser les boutons situés sur le côté gauche de l'iPad.

9. Utilisez les boutons à l'écran pour contrôler la lecture.

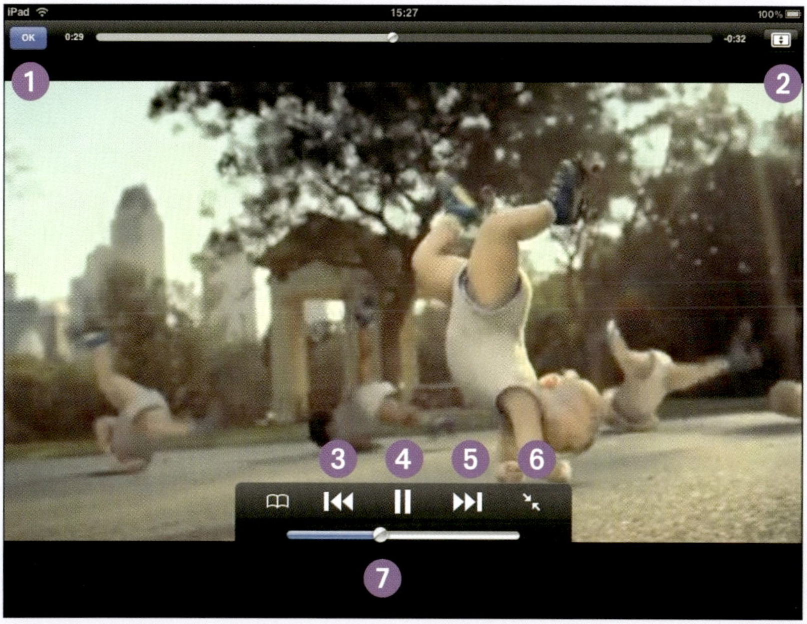


1. Quitter la lecture et revenir à la liste des vidéos
2. Adapter la vidéo à la taille de l'écran
3. Redémarrer la lecture au début (touchez) ou effectuer un retour rapide (touchez et maintenez)
4. Interrompre/Reprendre la lecture
5. Passer à la vidéo suivante (touchez) ou effectuer une avance rapide (touchez et maintenez)
6. Quitter le mode plein écran
7. Réglage du volume

# Transférez vos vidéos

Exactement comme avec la musique, pour regarder vos vidéos sur l'iPad, vous devez procéder au transfert de vos fichiers, en deux étapes :

1. Créer votre bibliothèque de vidéos iTunes.
2. Synchroniser cette bibliothèque avec votre iPad.

Y a pas plus clair !

### Formats vidéo supportés par l'iPad

Les formats de fichiers vidéo supportés par l'iPad sont le format MP4, ainsi que Vidéo H.264 et Motion JPEG (M-JPEG).

Y a pas plus pratique !

## Créez vos bibliothèques dans iTunes et synchronisez les vidéos

1. Cliquez sur le menu **Fichier**.
2. Cliquez sur **Ajouter le fichier à la bibliothèque**.

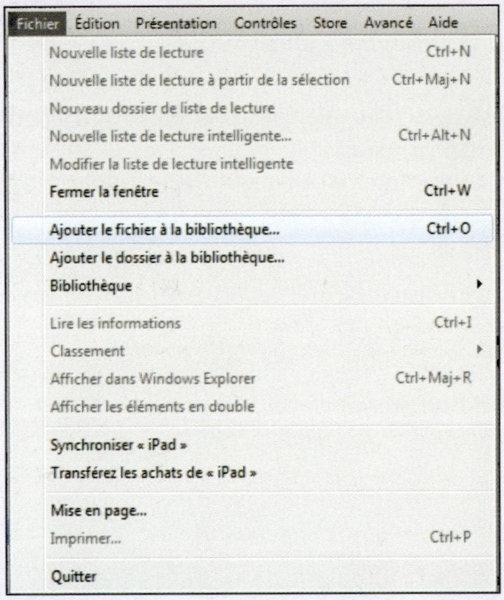

**3** Cliquez sur la vidéo à importer puis sur **Ouvrir**.

**4** Patientez pendant qu'iTunes ajoute la vidéo à votre bibliothèque. Recommencez pour ajouter plus de vidéos ou cliquez sur **Ajouter le dossier à la bibliothèque** pour importer plusieurs vidéos en une seule opération.

**5** À la fin de l'opération, vous pourrez voir vos vidéos dans la bibliothèque **Films** d'iTunes. Vous pouvez d'ailleurs utiliser iTunes comme lecteur de films sur votre ordinateur.

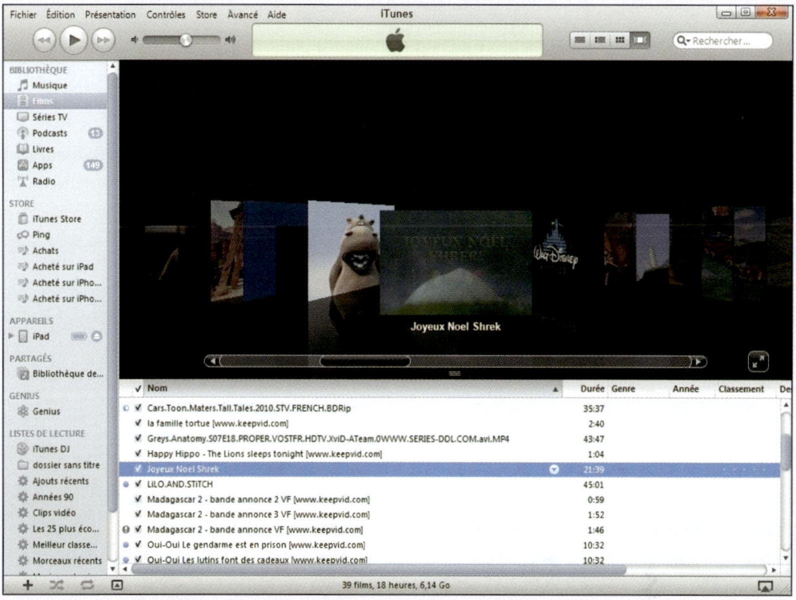


**6** Comme vous en avez désormais l'habitude, vous devez synchroniser votre bibliothèque de vidéos à l'aide d'iTunes : connectez l'iPad à votre ordinateur à l'aide du câble fourni.

**7** Cliquez sur **iPad** dans la section **Appareils** de la barre à gauche.

**8** Cliquez sur l'onglet **Films**.

**9** Activez l'option **Synchroniser les films**. Si c'est la première fois que vous synchronisez les vidéos, sélectionnez **Inclure automatiquement tous les films**. Par la suite, vous pourrez synchroniser uniquement les vidéos non visionnées, en choisissant une autre option dans le menu ou en cochant les vidéos à transférer.

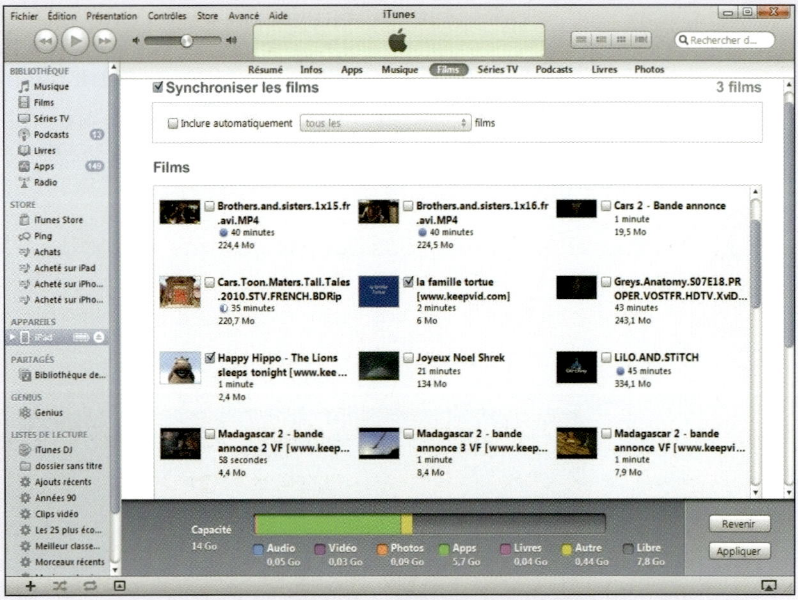


10 Cliquez sur le bouton **Appliquer** pour lancer la synchronisation.

11 Patientez pendant la synchronisation.

## Y a pas plus malin !

### Convertissez vos vidéos si nécessaire

Si vos vidéos ne sont pas dans l'un des formats supportés par l'iPad (MP4, H.264 ou M-JPEG), vous pouvez les convertir à l'aide d'un logiciel, comme le très polyvalent Free Video Converter, disponible en téléchargement gratuit sur le Web.

## Y a pas plus clair !

### Séries TV

Le contenu appelé Séries TV est uniquement constitué de vidéos de séries télévisées achetées sur l'iTunes Store. Si vous disposez de vidéos de séries télévisées sur votre ordinateur, elles seront placées dans la bibliothèque Films.

## Regardez vos vidéos

L'application Vidéos permet de visionner les vidéos transférées sur votre iPad ou achetées sur iTunes.

Y a pas plus pratique !

### Visionnez vos vidéos

1. Lancez l'application Vidéos. La liste de vos vidéos apparaît.

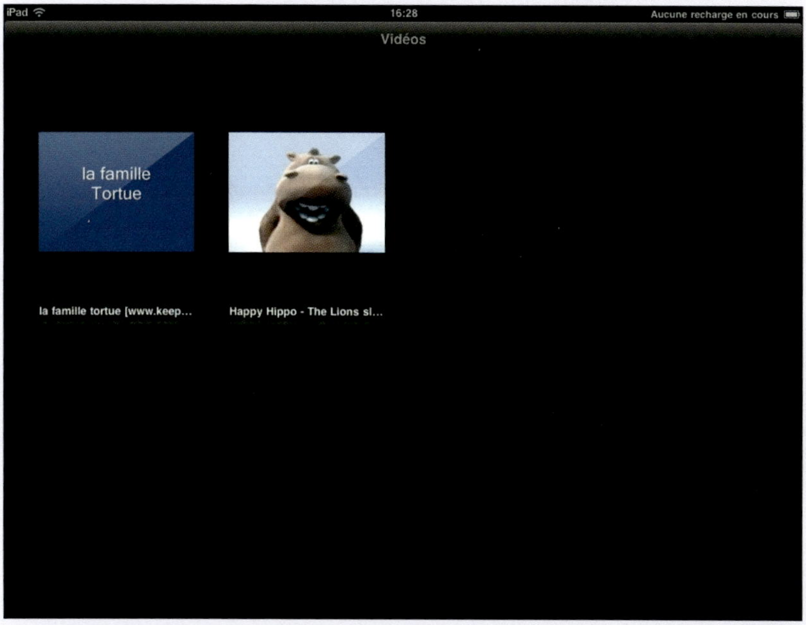


2. Vos vidéos sont classées en deux catégories : **Films** et **Clips vidéo**. Par défaut, ce sont les films qui sont affichés. Touchez **Clips vidéo** en haut d'écran pour afficher les clips.

3. Pour lancer la lecture d'une vidéo, touchez son nom puis le bouton Lecture.

4. La lecture débute.

5. Faites pivoter l'iPad en mode paysage pour afficher la vidéo en plein écran.

6 Touchez l'écran pour afficher les commandes. Si différentes langues ou des sous-titres sont disponibles pour la vidéo, des commandes supplémentaires permettent de gérer leur utilisation.

Y a pas plus malin !

### Fan de vidéos ? Téléchargez AV Player HD !

L'application Vidéos n'est pas toujours pratique si vous transférez des vidéos téléchargées depuis le Web, car il faut systématiquement les convertir avant de les synchroniser, ce qui demande beaucoup de temps. Il existe toutefois une solution simple et efficace : télécharger l'application AV Player HD. Consultez le chapitre 11 pour plus d'informations sur le téléchargement d'applications.

# Chapitre 9

# Prenez des notes et gérez votre agenda

Continuons notre exploration des applications de base de l'iPad avec deux outils pratiques pour rester organisé et ne rien oublier : Notes et Calendrier.

- Découvrez Notes
- Maîtrisez le clavier
- La technique du copier-coller
- Découvrez Calendrier
- Ajoutez un événement
- Synchronisez votre agenda professionnel

## Découvrez Notes

**Notes** permet de prendre des annotations écrites. En mode portrait, c'est la dernière note créée qui apparaît et vous devez toucher **Notes** pour afficher la liste des notes.

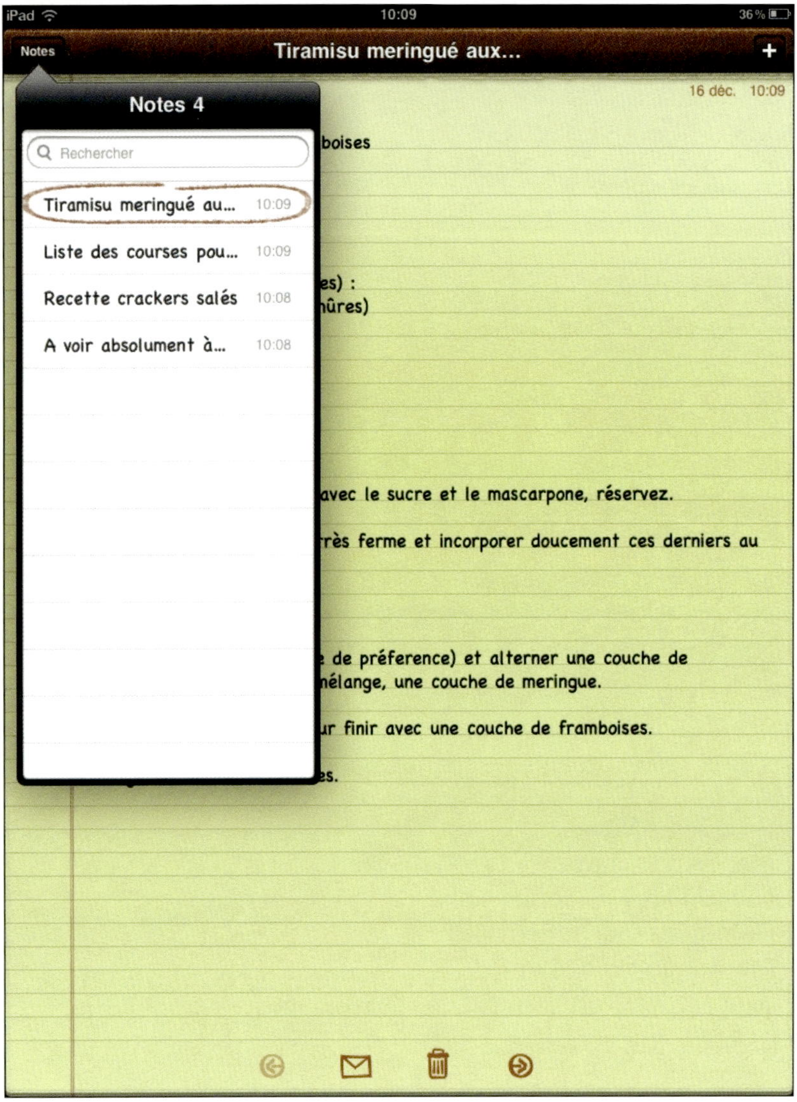


Préférez le mode paysage, plus pratique pour l'utilisation de Notes. De plus, lorsque vous saisissez une note en mode paysage, le clavier est plus grand et plus facile à utiliser.

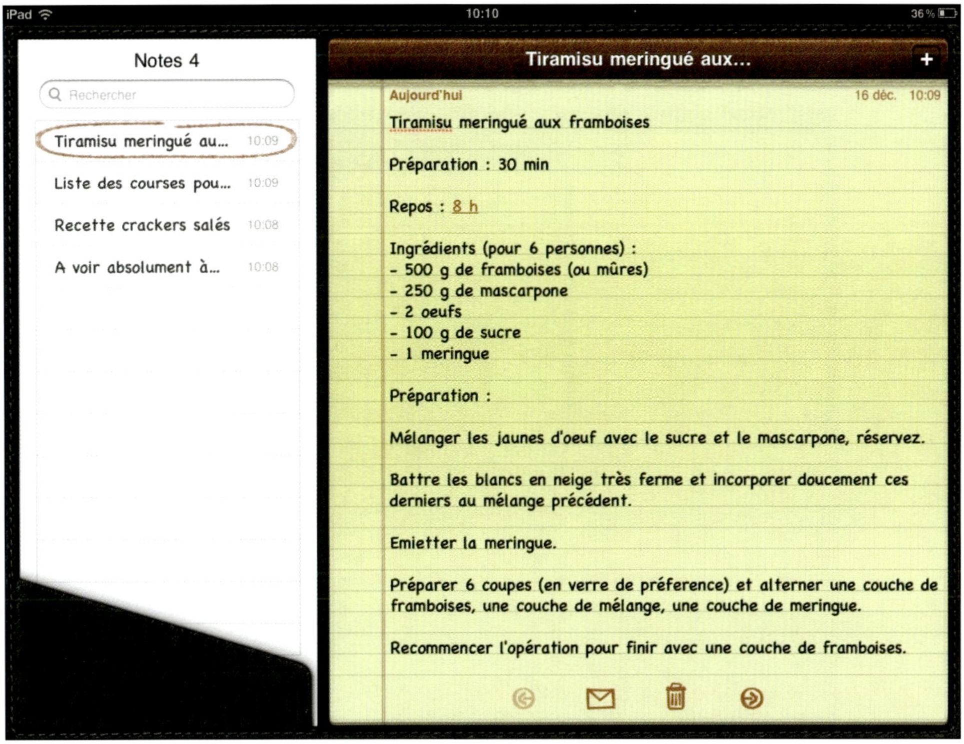


*Y a pas plus pratique !*

## Créez, consultez et partagez vos notes

1. Lorsque vous lancez **Notes**, les notes existantes s'affichent.
2. Pour ajouter une note, touchez +.
3. Le clavier s'affiche. Saisissez la note. Remarquez le titre de la note mis à jour dans le volet d'aperçu à gauche : c'est la première ligne de votre note.
4. La note est automatiquement enregistrée, au fur et à mesure de la saisie. Vous pouvez donc quitter la note ou même l'application Notes à tout moment.
5. Touchez le volet d'aperçu pour voir les autres notes. Elles sont classées par dates de modification, la note la plus récente au début. La date de dernière modification s'affiche à droite du titre de chaque note. Ce titre est en fait défini automatiquement par Notes, à partir des premiers mots de chaque note.

6 Pour lire une note, touchez-la. La note affichée dans le volet de droite est entourée dans la liste.

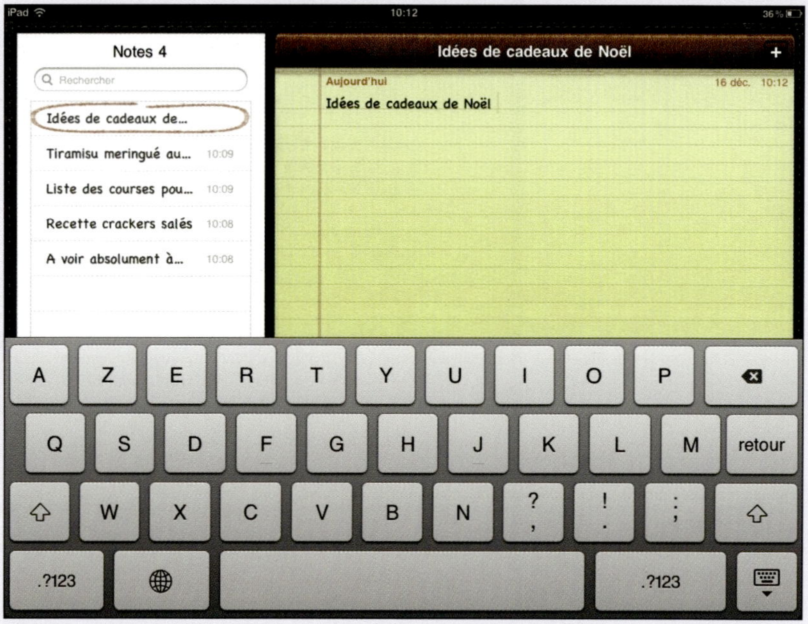


7 Vous pouvez effectuer une recherche dans vos notes : saisissez le texte recherché dans le champ **Rechercher**.

8 Les notes sont filtrées en fonction de la recherche, au fur et à mesure de la saisie. Touchez une note pour l'ouvrir. Effacez le champ de recherche en touchant le bouton gris pour afficher à nouveau toutes les notes.

9 Lorsqu'une note est affichée, touchez ou pour afficher la note précédente ou suivante.

10 Touchez pour effacer la note définitivement.

11 Touchez le contenu de la note pour activer le clavier et modifier la note.

12 Touchez pour envoyer la note par courrier électronique. Un nouveau message sera créé dans **Mail**, avec le texte de la note comme contenu et ses premiers mots comme objet.

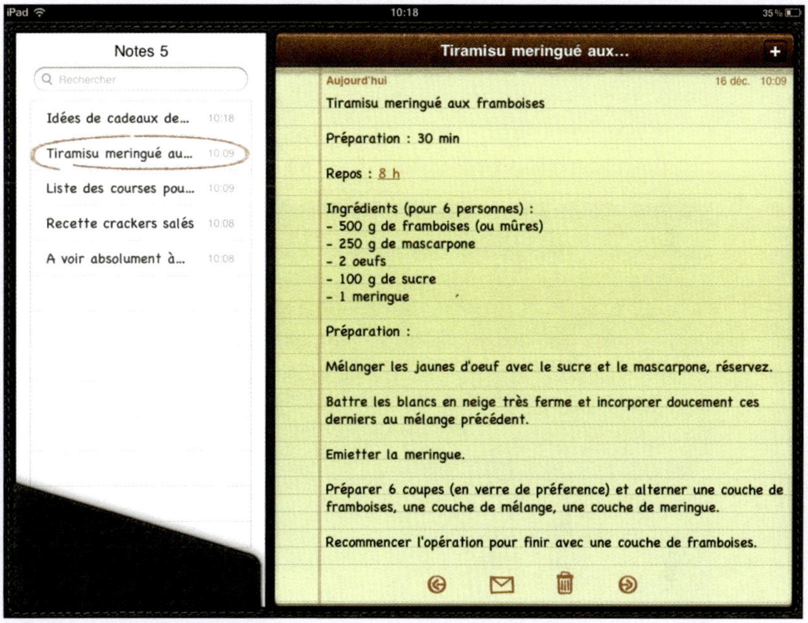

## Y a pas plus malin !

### Téléchargez Weather Pro pour iPad

Si vous possédez un iPhone, peut-être vous êtes-vous posé la question suivante : pourquoi y a-t-il une application Météo parmi les applications de base de l'iPhone et non celles de l'iPad ? La réponse importe peu en réalité, car l'application Météo pour iPhone est de toutes façons peu complète et même parfois imprécise, voire fausse, dans ses données. Pour obtenir une météo « sérieuse » sur l'iPad, il vous faudra quoi qu'il arrive télécharger une application.

Il en existe une grande sélection dans l'App Store, qui propose même (étrangement) une catégorie entière sur ce sujet. Weather Pro est notre préférée, même si elle n'est pas la moins chère, car elle offre des données météo très complètes et précises : températures, pression, vitesse du vent, vues radar et satellite, *etc.*, le tout en français !

## Allez plus loin avec le clavier

La découverte de Notes est l'occasion d'approfondir celle du clavier de l'iPad. Ce clavier est fondamentalement semblable à celui d'un ordinateur, pour saisir du texte ou des chiffres, sauf qu'il n'a pas de touches physiques : comme le reste des contrôles de l'iPad, le clavier est tactile !

Y a pas plus pratique !

### Maîtrisez le clavier

1. Pour commencer, voici les touches du clavier que vous devez impérativement connaître :

1. Saisir une majuscule. Touchez deux fois rapidement le bouton pour verrouiller le mode majuscule.

2. Effacer le dernier caractère saisi.

3. Retour à la ligne.

4. Afficher les chiffres et les caractères spéciaux. Touchez le bouton devenu ABC pour revenir aux lettres. D'autres caractères spéciaux se cachent encore derrière la touche #+=.

5. Utiliser un clavier international.

6. Masquer le clavier.

   En plus de tous ces boutons, dans certains cas, le bouton **Retour** est remplacé par un bouton permettant de valider la saisie, lancer la recherche, *etc.* (bouton changeant de libellé selon le contexte).

2 Pour saisir un caractère accentué, touchez longuement un caractère : les variantes s'affichent, touchez celle de votre choix. D'autres caractères présentent des variantes : € ou &, par exemple. Appuyez longuement sur la touche pour accéder aux alternatives.

Si vous relâchez le bouton sans toucher un caractère en particulier, c'est le plus usuel (« à », « é », *etc.*) qui est inséré : pratique !

3 Pour modifier le texte déjà saisi, touchez longuement le texte, sans relâcher, pour activer la loupe. Faites glisser la loupe pour placer le curseur à l'endroit précis que vous souhaitez éditer. Vous pouvez alors saisir du texte ou effacer des caractères. Touchez l'endroit où vous souhaitez reprendre la saisie avant de continuer.

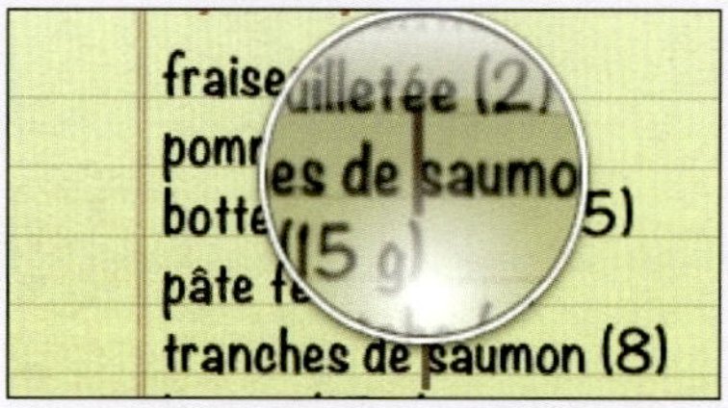


4 Vous pouvez enfin utiliser la technique du « copier-coller » pour copier du texte (mais aussi des images) et le coller à un autre emplacement. Cela fonctionne au sein d'une application, mais aussi d'une application vers une autre. Touchez le curseur d'insertion puis **Sélectionner** pour sélectionner le mot adjacent ou **Tout sélectionner**. La sélection s'affiche en surbrillance. Touchez **Copier**.

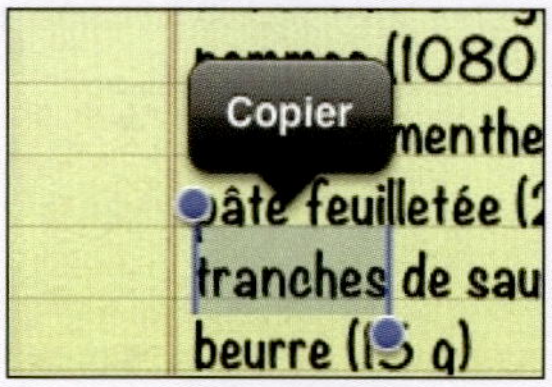

5 Vous pouvez dès lors coller le texte autant que vous le souhaiterez : touchez le curseur d'insertion, touchez le bouton **Coller**, et le tour est joué !

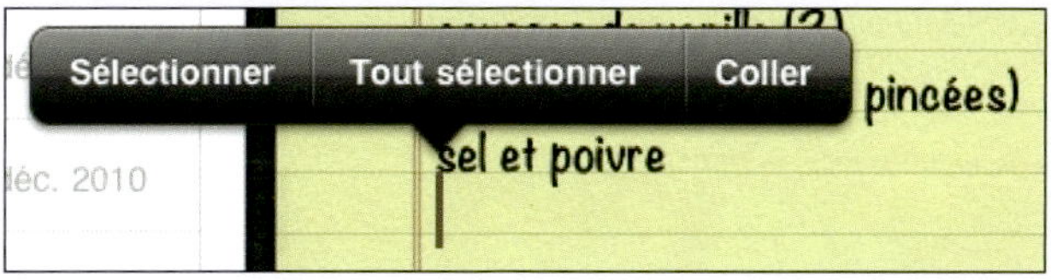


## Y a pas plus malin !

### Les suggestions et corrections orthographiques

Le dictionnaire peut aussi vous aider à taper encore plus vite : lorsque vous saisissez le début d'un mot reconnu, une bulle suggère le mot complet. Pour accepter la suggestion et compléter le mot, touchez la barre d'espace. Touchez la bulle pour ne pas accepter la suggestion.

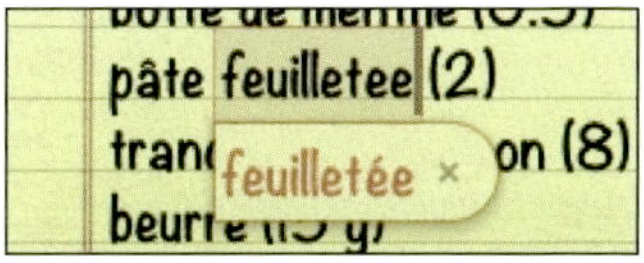


Par ailleurs, le dictionnaire vous indique les mots mal orthographiés : ils sont soulignés en pointillés rouges. Touchez la bulle avec le mot proposé puis **Remplacer** pour voir des suggestions de correction. Touchez ensuite le mot à utiliser comme remplacement du mot mal orthographié.

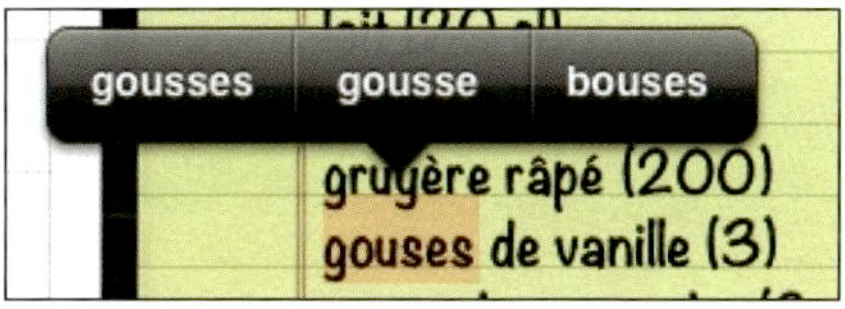

# Découvrez Calendrier

**Calendrier** permet de gérer votre agenda et vos événements. Il y a deux manières d'utiliser cette application. La première consiste à créer vos événements et les consulter directement sur l'iPad. La seconde consiste à synchroniser votre agenda Google ou Microsoft Exchange avec l'iPad.

Y a pas plus pratique !

## Affichez le calendrier et gérez vos événements

1. Lorsque vous lancez l'application **Calendrier**, le mois en cours s'affiche, avec la date du jour en surbrillance. Les jours pour lesquels vous avez déjà défini un ou plusieurs événements sont signalés par un point.

2. Pour voir le détail de l'événement, touchez le jour concerné.

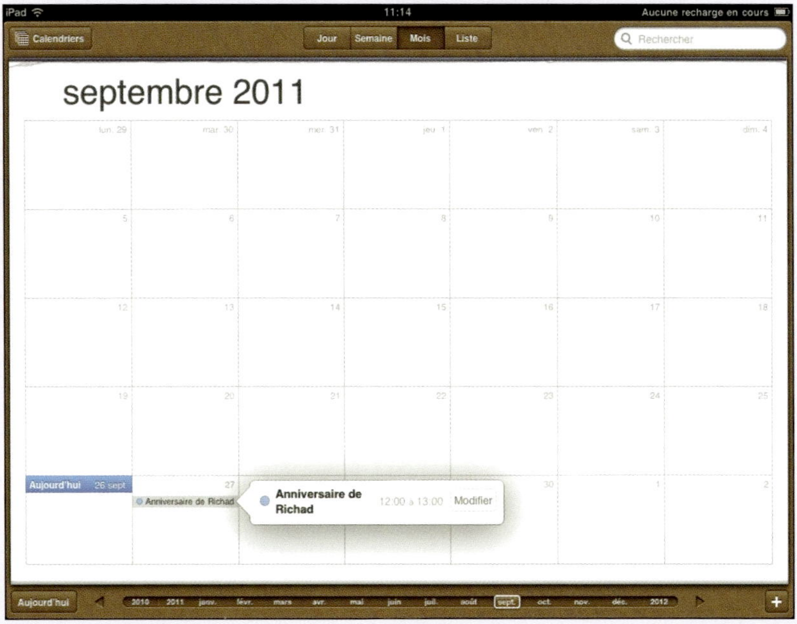


3. Pour afficher les événements d'une journée, d'une semaine ou d'un mois entier, touchez la date puis **Jour, Semaine** ou **Mois** en haut d'écran.

4. Pour ajouter un événement au calendrier, touchez le jour correspondant à la date de l'événement puis le bouton **+**.

5. La fiche **Évènement** s'affiche. Saisissez les données concernant l'événement : **Titre** et **Lieu**, puis l'heure de fin.

6. Touchez **Récurrence** si l'événement doit se reproduire selon une fréquence définie, et **Alarme** pour être alerté, de cinq minutes à deux jours avant l'événement.

7. Touchez **OK**. L'événement est désormais visible dans le calendrier.

8. Lorsqu'un événement est défini, touchez l'événement, puis **Modifier** pour le modifier. Touchez l'événement, **Modifier**, puis **Supprimer l'événement** pour l'effacer.

9. Vous pouvez synchroniser aussi votre agenda Microsoft Exchange, Yahoo! ou Gmail avec l'iPad. Touchez **Réglages** sur l'écran d'accueil, puis touchez **Mail, Contacts, Calendrier** et **Ajouter un compte**.

10 Sélectionnez **Microsoft Exchange**, **Yahoo!** ou **Gmail** dans la liste et saisissez les informations relatives à votre compte.

11 Si vous avez déjà créé votre compte de messagerie et souhaitez synchroniser l'agenda associé avec Calendrier, rendez-vous dans les réglages.

12 Touchez **Mail, Contacts, Calendrier** puis le compte concerné. Activez l'option **Calendriers**. Choisissez ensuite de supprimer les données déjà présentes dans Calendrier ou de les conserver en plus des nouveaux événements synchronisés depuis votre agenda distant.

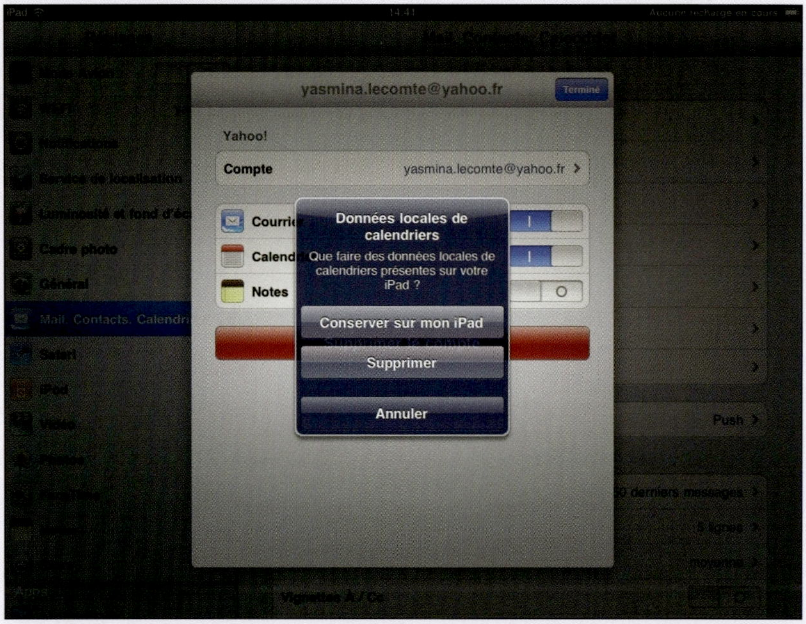

## Y a pas plus malin !

### Téléchargez Calculatrice HD pour iPad

Tout comme l'application Météo, la calculatrice simple et efficace disponible sur iPhone ne fait pas partie des applications de base de l'iPad. Pour pallier ce manque, vous pouvez télécharger une application parmi les dizaines de calculatrices pour iPad.

Nous recommandons en particulier Calculatrice HD pour iPad qui offre une interface élégante et de nombreux modes d'affichage.

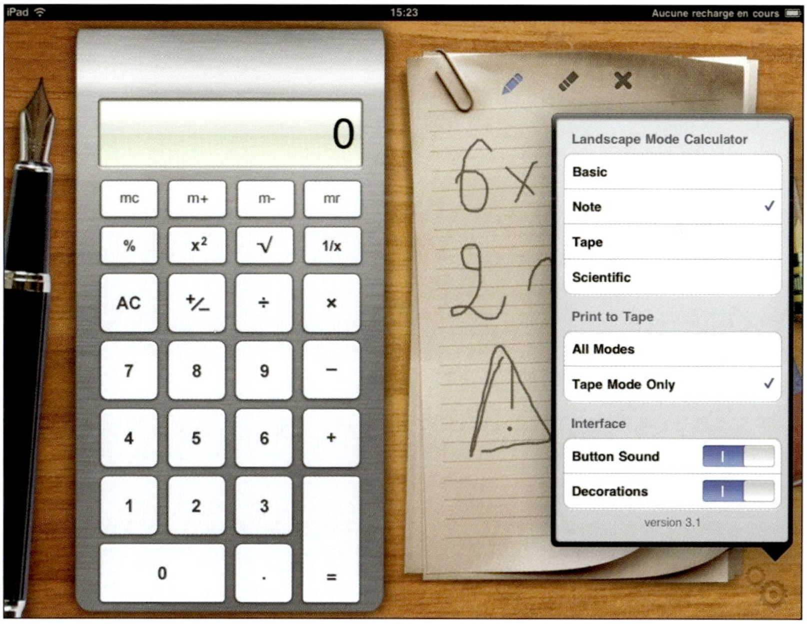

# Chapitre 10

# Lisez sur l'iPad

L'iPad est un excellent support pour les livres électroniques, et même les plus sceptiques au départ reconnaissent aujourd'hui qu'il est agréable de « bouquiner » sur son écran. Même si vous n'avez jamais lu de livre électronique, la qualité d'affichage et la facilité de navigation dans iBooks vous paraîtront exceptionnelles. De nombreuses options permettent d'améliorer la lecture du livre, même en cas de faible luminosité.

Pour constituer votre bibliothèque de livres électroniques, vous pouvez télécharger des ouvrages grâce à iBookstore, mais aussi transférer vos propres livres électroniques au format ePub grâce à iTunes.

- Découvrez iBooks
- Achetez des livres
- Transférez vos livres électroniques
- Profitez de la lecture avec iBooks
- Gérez votre bibliothèque

# Découvrez iBooks

L'application iBooks, comme son nom l'évoque, sert à lire des livres électroniques. C'est votre « bibliothèque » personnelle sur l'iPad, elle centralise tous vos livres et vous permet de les lire avec facilité.

Attention : iBooks est une application gratuite mais elle n'est pas installée par défaut sur l'iPad. Pour l'utiliser, vous devez donc la télécharger sur iTunes.

Le téléchargement d'iBooks vous sera automatiquement proposé lorsque vous connecterez votre iPad pour la première fois à iTunes. Cliquez simplement sur le bouton de confirmation pour accepter le téléchargement d'iBooks sur votre iPad. L'icône **iBooks** apparaît alors sur l'écran d'accueil de votre iPad.

## Achetez des livres

C'est la façon la plus simple et la plus rapide de constituer votre bibliothèque de livres électroniques dans iBooks : acheter des ouvrages par le biais de la boutique.

Y a pas plus pratique !

### Téléchargez des livres dans la boutique iBooks

1. Lancez l'application iBooks : il suffit de toucher son icône. Pour l'instant, votre bibliothèque est vide : pour peupler ses étagères vides, touchez **Store**.

2. Vous voici dans la boutique iBooks ! Vous pouvez voir les livres en vedette du moment, mais aussi les thématiques proposées par Apple. De très nombreux livres du domaine public sont disponibles gratuitement dans la boutique iBooks.

4. Pour voir le détail d'un ouvrage, touchez sa couverture. Dans la fiche qui apparaît, vous pouvez consulter de nombreuses informations sur le livre : date de sortie, éditeur, nombre de pages, *etc.*

5. Son prix s'affiche dans un bouton gris à droite de la vignette de couverture. Si vous souhaitez télécharger l'ouvrage, touchez ce bouton, puis **Acheter le livre**. Pour les livres gratuits, touchez **Gratuit** puis **Obtenir le livre.** Touchez **Obtenir un extrait** pour télécharger un aperçu de l'ouvrage. Vous pourrez par la suite acheter l'ouvrage complet. Idéal pour se faire une idée et feuilleter les premières pages avant d'acheter !

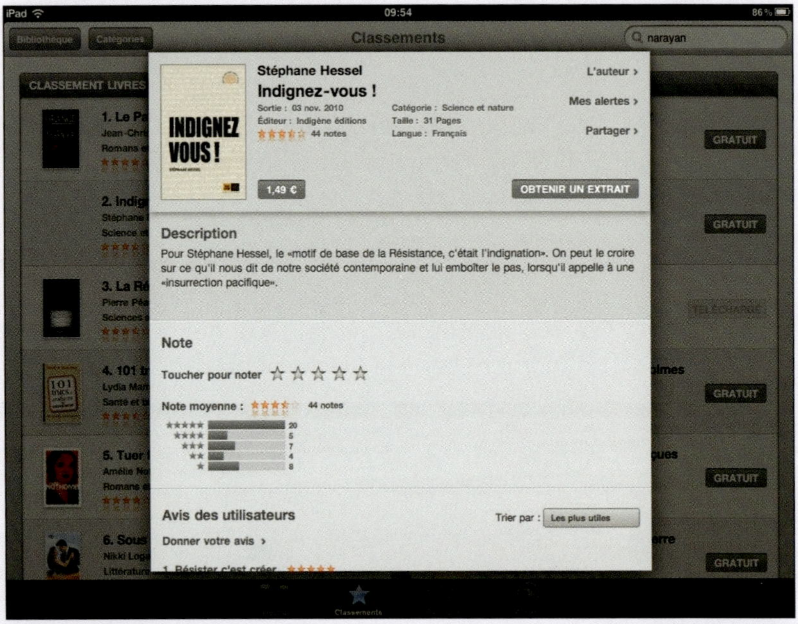


6. Patientez pendant le téléchargement du livre dans votre bibliothèque iBooks.

7. Recommencez pour télécharger autant de livres que vous le souhaitez.

8 Les couvertures des ouvrages apparaissent sur les étagères de votre bibliothèque iBooks.

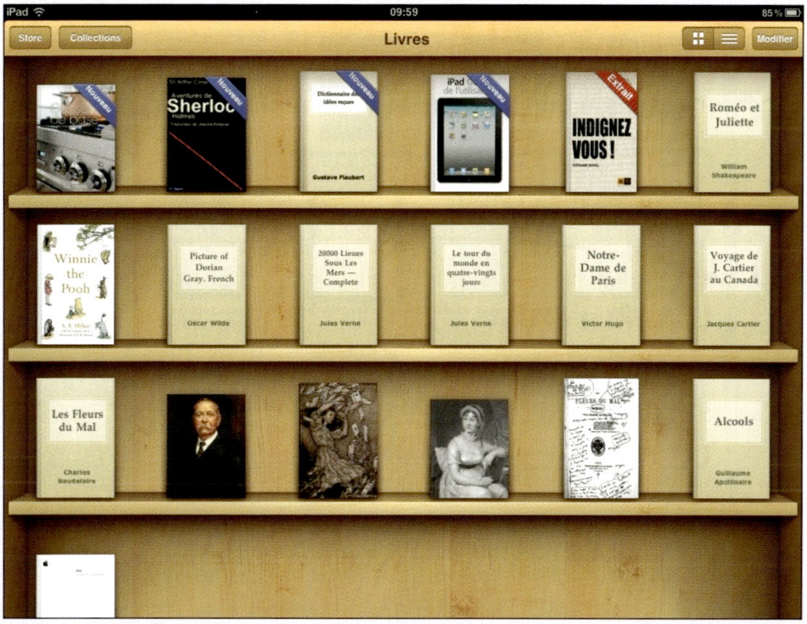


## Y a pas plus clair !

### Livres gratuits ou du domaine public

Savez-vous pourquoi il existe tant de livres gratuits ? Tout simplement parce que nombre d'entre eux appartiennent au domaine public, et ne sont plus soumis au droit d'auteur. C'est ce qui se produit généralement soixante-dix ans après la mort de l'auteur de l'ouvrage (en France). Vous pourrez donc aisément trouver les « grands classiques » de la littérature sans débourser un euro ! Parfois, c'est tout simplement que l'auteur a décidé de mettre à disposition son ouvrage gratuitement.

8 À la fin de l'opération, lancez iBooks et vérifiez que vos livres figurent désormais bien dans votre bibliothèque.

## Y a pas plus malin !

### Créez vos propres livres électroniques à l'aide de Calibre

La boutique de livres iBooks Store donne accès à de nombreux ouvrages de tout genre, gratuits et payants. Mais comment faire si vous souhaitez tout simplement transférer vos propres textes afin de les lire sur l'iPad ? La solution consiste à télécharger le logiciel **Calibre** sur votre ordinateur puis à convertir votre document au format ePub (format des livres électroniques). Vous pourrez ensuite transférer le document sur l'iPad grâce à iTunes et enfin l'ouvrir avec iBooks.

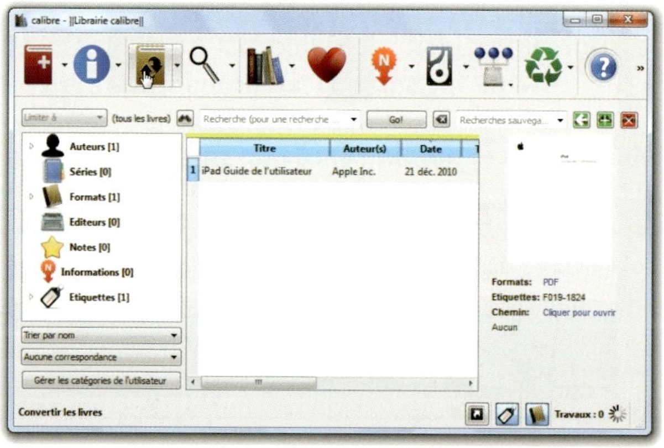

## Profitez de la lecture avec iBooks

Après avoir acheté ou transféré des livres électroniques dans iBooks, il est grand temps de passer à ce qui nous intéresse vraiment ici : la lecture, bien entendu !

Y a pas plus malin !

### Verrouillez l'orientation de l'iPad

N'oubliez pas que vous pouvez verrouiller l'orientation de l'écran à l'aide du commutateur situé près des boutons de réglage du volume. Lorsque vous lisez un livre, cela peut être très pratique, voire indispensable !

Y a pas plus pratique !

## Lisez un livre électronique

1. Affichez votre bibliothèque iBooks et touchez simplement la couverture d'un ouvrage pour l'ouvrir. Lorsqu'un livre est affiché, touchez l'écran pour voir les commandes. Touchez à nouveau l'écran pour les masquer. En mode portrait, une page s'affiche et remplit l'écran. En mode paysage, lorsque vous faites pivoter l'iPad, vous pouvez voir deux pages côte à côte.

2 Pour tourner les pages, touchez simplement le bord droit ou gauche d'une page. Vous pouvez aussi feuilleter, c'est-à-dire faire glisser le doigt rapidement de gauche à droite, pour passer les pages.

3 Pour atteindre une page spécifique, affichez les commandes puis touchez le curseur en bas d'écran. Faites glisser : le titre du chapitre ou le numéro de la page ciblée est affiché. Relâchez pour atteindre cette page.

4 Pour afficher la table des matières, touchez le bouton à droite de **Bibliothèque**. Il suffit ensuite de toucher une entrée de la table de matières pour atteindre son emplacement dans le livre. Pour revenir à la page en cours, touchez **Reprendre**.

5 Vous pouvez également définir un signet à un emplacement de votre choix dans le livre. Pour ajouter un signet, touchez longuement un mot dans la page concernée, puis le bouton **Signet**. Pour atteindre le signet, touchez le bouton **Contenu** puis **Signets**. La liste de tous les signets enregistrés s'affiche. Touchez simplement un des signets pour atteindre la page.

6 Pour ajuster l'affichage, affichez les commandes en touchant l'écran. Touchez le bouton **Luminosité** pour ajuster la luminosité et le contraste de l'écran. Notez que ce réglage s'applique uniquement à iBooks. Vous pouvez aussi modifier la taille ou la police

des caractères : touchez le bouton **Caractères.** Touchez le bouton de gauche pour diminuer la taille du texte et le bouton de droite pour l'agrandir. Touchez le bouton **Polices** pour choisir une autre police de caractères. Désactivez le mode **Sépia** si vous préférez un affichage sur fond blanc.

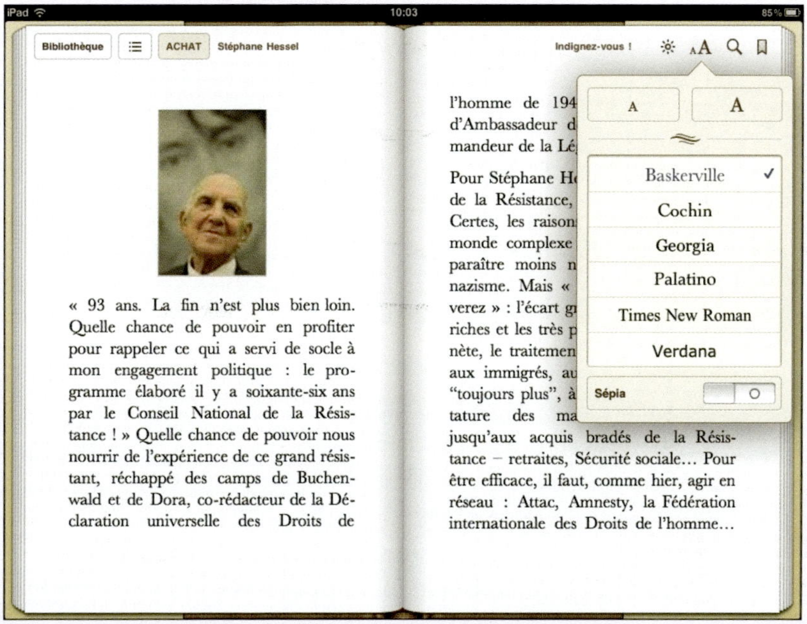


**7** Pour effectuer une recherche dans le livre, affichez les commandes, touchez le bouton **Recherche** puis saisissez un mot à l'aide du clavier. Touchez un résultat de la liste pour ouvrir la page correspondante dans le livre. Vous pouvez également lancer une recherche dans Google ou Wikipédia à l'aide des boutons en bas d'écran pour voir des ressources associées.

## Y a pas plus malin !

### La page courante est automatiquement enregistrée !

Inutile de créer un signet juste avant de quitter un livre, car iBooks enregistre automatiquement l'emplacement où vous vous trouvez. Vous pourrez ainsi retrouver votre page facilement à la réouverture du livre.

## Gérez votre bibliothèque

Vous pouvez réorganiser votre bibliothèque iBooks et supprimer des livres à tout moment.

Y a pas plus pratique !

### Organisez vos ouvrages

1. Touchez **Modifier** en haut à droite de la bibliothèque.
2. Faites glisser les couvertures pour modifier le classement des ouvrages.
3. Touchez les couvertures des ouvrages pour les sélectionner, puis **Supprimer** pour ôter la liste sélectionnée de la bibliothèque. Supprimer un ouvrage de la bibliothèque iBooks ne signifie pas que l'ouvrage sera définitivement effacé. Il sera en effet toujours présent dans votre bibliothèque de livres iTunes. Vous pourrez donc le réintégrer dans iBooks par la suite si vous le souhaitez.

4. Pour afficher la bibliothèque sous la forme d'une liste d'ouvrages et effectuer une recherche dans vos titres, touchez le bouton **Liste** juste à gauche de **Modifier**.

5. Utilisez les boutons en bas d'écran pour classer les livres par titres, auteurs ou catégories. Touchez **Étagère** pour afficher les ouvrages dans l'ordre d'apparition dans votre bibliothèque.

6. Touchez le bouton **Grille** à gauche du bouton **Liste** pour revenir à l'affichage graphique, par étagères.

Y a pas plus malin !

## Zinio et Ave!Comics, deux autre applications pour lire sur l'iPad

Si vous aimez les magazines, Zinio est définitivement l'application qu'il vous faut ! Dotée d'une excellente ergonomie, elle permet de télécharger des milliers de publications du monde entier. La lecture en plein écran est très agréable et il existe même un mode « texte avancé » pour simplifier les pages particulièrement riches en contenu graphique. De nombreux contenus sont proposés en exclusivité et gratuitement.

Dans un autre registre, l'application Ave!Comics vous permettra de découvrir la BD avec un œil nouveau, grâce à la lecture animée. Cette application francophone promet une immersion totale dans les BD et mangas grâce au format révolutionnaire appelé AVE : sans même toucher l'écran, vous verrez les éléments importants de la planche en cours de lecture s'afficher sous vos yeux, les uns à la suite des autres, avec fluidité et logique. Fantastique !

Consultez le chapitre 11 consacré aux applications.

Chapitre 11

# Installez des applications

L'App Store – littéralement la « boutique d'applications » – est ce qui va vous donner la possibilité de décupler la puissance de votre iPad. Comment ? Grâce aux applications !

Vous avez découvert au cours des chapitres précédents les différentes applications « de base » de l'iPad : Mail, Plans, Safari, l'iPod, *etc.* L'App Store vous donnera accès à des milliers de nouvelles applications, offrant d'autres fonctions : trouver des bonnes adresses autour de vous, reconnaître une musique que vous entendez, vous divertir, vous cultiver, jouer, et plein d'autres choses que vous n'auriez même pas osé imaginer !

- Découvrez l'App Store et créez votre compte
- Explorez l'App Store
- Gérez vos applications
- Transformez l'iPad en console de jeux
- Téléchargez des applications pour bien travailler sur l'iPad

# Découvrez l'App Store et créez votre compte

Installer une application, qu'elle soit gratuite ou payante, c'est aussi simple que rapide ! Il suffit en effet de vous rendre sur l'App Store, littéralement « la boutique d'applications » de l'iPad, et d'effectuer quelques manipulations très simples.

Mais d'abord, afin de pouvoir télécharger des applications, même gratuites, vous devez créer un compte utilisateur pour l'App Store.

Y a pas plus pratique !

## Créez un compte utilisateur pour l'App Store

1. Touchez l'icône **Réglages** puis **Store** dans la liste des catégories à gauche.

2. Touchez **Créer un compte**. Si vous possédez déjà un compte iTunes, touchez **Utiliser votre identifiant** et saisissez vos identifiants. Inutile de créer un nouveau compte ! Sinon, choisissez **Créer un nouvel identifiant Apple** et suivez les étapes de création d'un compte.

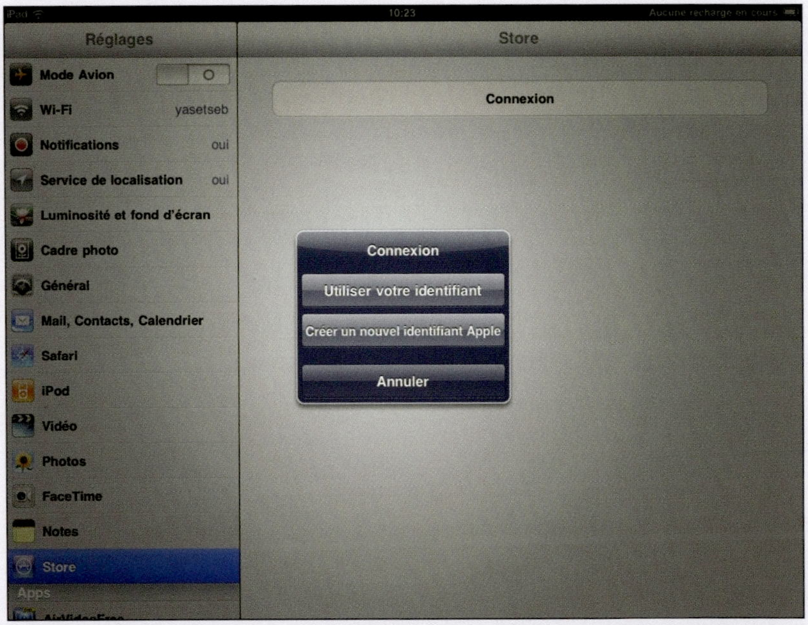

3. Vous devez enfin indiquer un moyen de paiement (carte bancaire) pour pouvoir télécharger des applications payantes, qui vous seront immédiatement facturées par ce biais.

4. Vous avez terminé la création de votre compte App Store ? Bravo ! Vous allez pouvoir immédiatement télécharger de nouvelles applications.

Y a pas plus malin !

### Activez les téléchargements automatiques

Vous possédez un iPhone ou un deuxième iPad ? Avant de quitter les réglages, pensez à activer les options **Apps** et/ou **Livres** de la section **Téléchargements automatiques** du Store. Les applications achetées seront ainsi aussi automatiquement téléchargées et disponibles sur vos autres machines Apple.

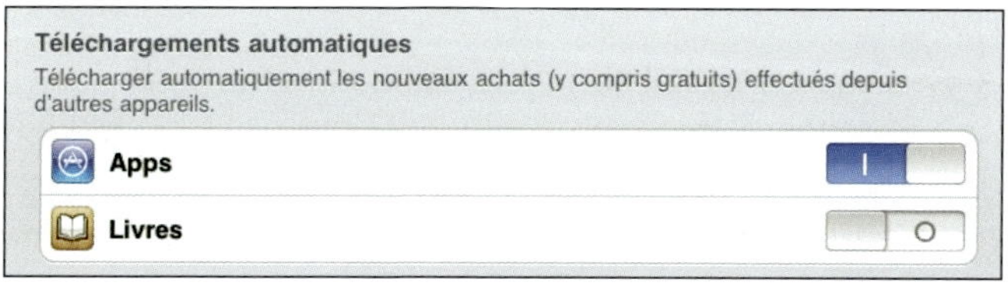

# Explorez l'App Store

Pour accéder à l'App Store sur votre iPad et découvrir de nouvelles applications, touchez l'icône **App Store**. Si vous avez déjà installé des applications et qu'un chiffre figure dans une pastille rouge sur l'icône App Store, c'est qu'il existe des mises à jour pour vos applications. Consultez la section suivante pour plus d'informations à ce sujet.

L'App Store s'ouvre et vous permet d'explorer les applications selon plusieurs méthodes : la sélection, qui propose les nouveautés du moment ; le classement par catégories ; ou encore le Top 25, qui indique les applications les plus populaires du moment.

*Y a pas plus pratique !*

## Trouvez et installez une application

1. Pour installer les applications présentées dans cet ouvrage, vous opterez probablement pour la recherche par mot-clé, afin de trou-

ver les applications grâce à leur nom : touchez le champ **Rechercher** en haut à droite de l'App Store. Le clavier apparaît.

2. Saisissez un ou plusieurs mots-clés : le nom de l'application par exemple ou un thème spécifique. Des suggestions s'affichent, vous pouvez toucher l'une d'entre elles.

3. Touchez **Rechercher** sur le clavier.

4. S'il y en a, les applications correspondant à votre recherche s'affichent : les applications pour iPad d'abord, les applications pour iPhone ensuite. Différentes informations figurent dans le résumé de chaque application : l'icône de l'application, son éditeur, la catégorie dans laquelle l'application est proposée, son prix, son classement actuel et sa date de publication.

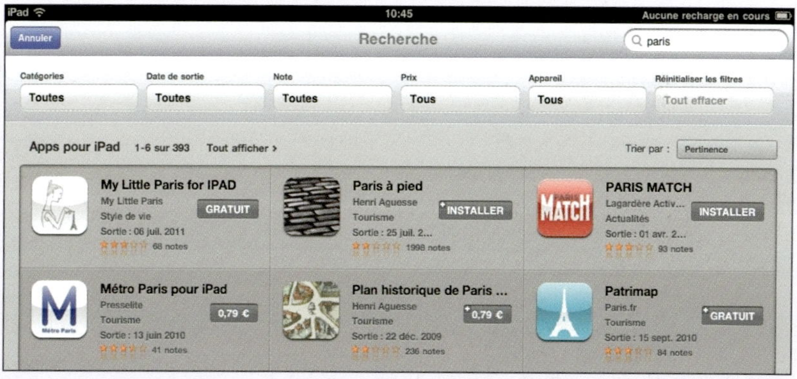


5. Touchez l'icône d'une application pour voir les détails. Vous pouvez aussi directement installer l'application sans passer par la fiche détaillée, en touchant le bouton affichant son prix ou Gratuit.

6. La fiche détaillée de l'application apparaît. Vous pouvez défiler vers le bas pour lire intégralement le descriptif, voir des écrans ou encore lire les avis des autres utilisateurs.

7 Pour installer l'application, touchez le bouton affichant son prix ou **Gratuit**, juste au-dessous de l'icône. Pour les applications payantes, un bouton indiquant le prix apparaît à la place du bouton **Gratuit**.

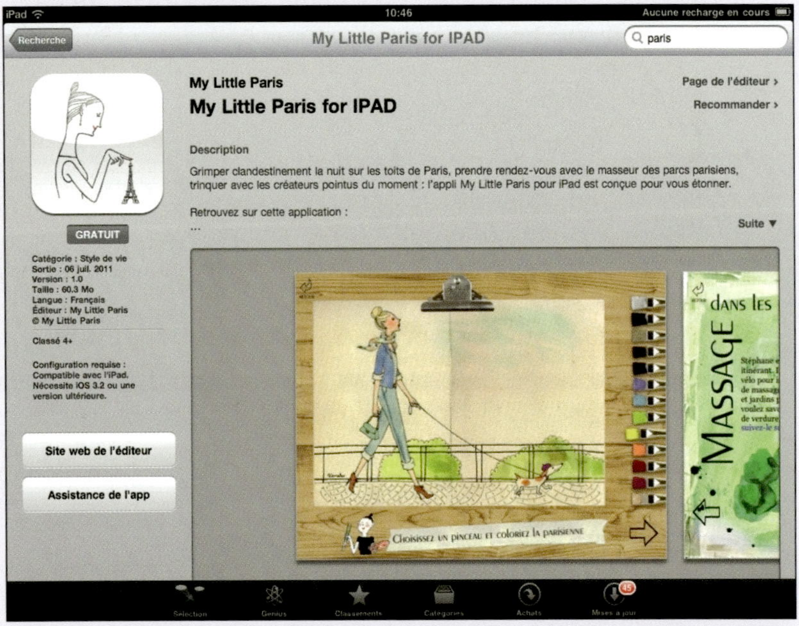


8 Confirmez en touchant à nouveau le bouton, devenu **Installer l'App**.

9 C'est fait ! Vous quittez l'App Store et une nouvelle icône apparaît peu après sur l'écran d'accueil de votre iPad : l'application est installée.

10 Touchez l'icône pour lancer l'application.

Y a pas plus clair !

## Applications compatibles iPhone/iPad

La plupart des applications iPhone sont utilisables sur l'iPad, mais sachez qu'elles ne seront pas toujours adaptées à la taille de son écran. Le bouton x2 permet d'agrandir l'affichage.

Certaines applications sont en revanche parfaitement compatibles entre l'iPad et l'iPhone : elles sont signalées par un + dans le bouton de téléchargement.

Enfin, d'autres applications sont proposées en deux versions différentes. La version iPad (souvent baptisée « HD ») est généralement plus chère que la version iPhone. Et même si vous aviez acheté l'application pour iPhone, vous devrez acheter à nouveau la version HD.

Y a pas plus malin !

## Découvrez une application grâce aux versions gratuites

Il n'est pas toujours obligatoire d'acheter une application pour en profiter ! Il s'agit bien sûr des versions gratuites permettant d'évaluer certaines applications (versions « Lite » ou « Free ») et qui sont parfois amplement suffisantes.

La version Lite consiste parfois en une version restreinte de l'application (moins de niveaux disponibles dans un jeu, par exemple, ou nombre d'éléments limités dans une application de gestion de budget). Parfois il y a juste une différence mineure, une simple fonctionnalité en moins, qui ne vous manquera peut-être même pas. Parfois enfin, la version Lite affiche des publicités. Dans d'autres cas, c'est l'inverse : l'application est gratuite mais il existe une version payante (souvent appelée « Premium », « Pro » ou « Deluxe »), plus complète ou sans publicité.

## Gérez vos applications

Classer vos icônes d'applications est essentiel. Vous pouvez bien sûr utiliser la recherche pour accéder rapidement à une application mais il est préférable de les organiser selon vos habitudes et vos souhaits. N'oubliez pas que vous pouvez avoir jusqu'à onze pages d'icônes ! Il est aussi important de mettre à jour vos applications lorsque c'est nécessaire.

Y a pas plus pratique !

### Classez et mettez à jour les applications

1. Pour organiser les icônes de vos applications, touchez n'importe quelle icône sur l'écran d'accueil et maintenez le doigt appuyé jusqu'à ce que les icônes commencent à frémir.

2. Réorganisez les icônes en les faisant glisser. Pour les déplacer sur d'autres pages, faites-les glisser vers l'extrémité gauche ou droite de l'écran.

3 Les applications évoluent et sont souvent mises à jour par leurs concepteurs. Les mises à jour sont généralement gratuites, que l'application soit au départ elle-même gratuite ou non. Lorsque la mise à jour d'une ou plusieurs applications est disponible, une pastille rouge apparaît sur l'icône App Store. Elle indique le nombre de mises à jour disponibles.

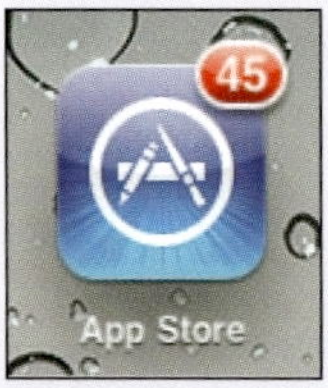


4 Pour installer les mises à jour disponibles, touchez l'icône **App Store** puis le bouton **Mises à jour**.

5 Les applications bénéficiant d'une mise à jour à télécharger s'affichent. Touchez **Tout mettre à jour** pour installer toutes les mises à jour. Patientez. Les mises à jour sont installées !

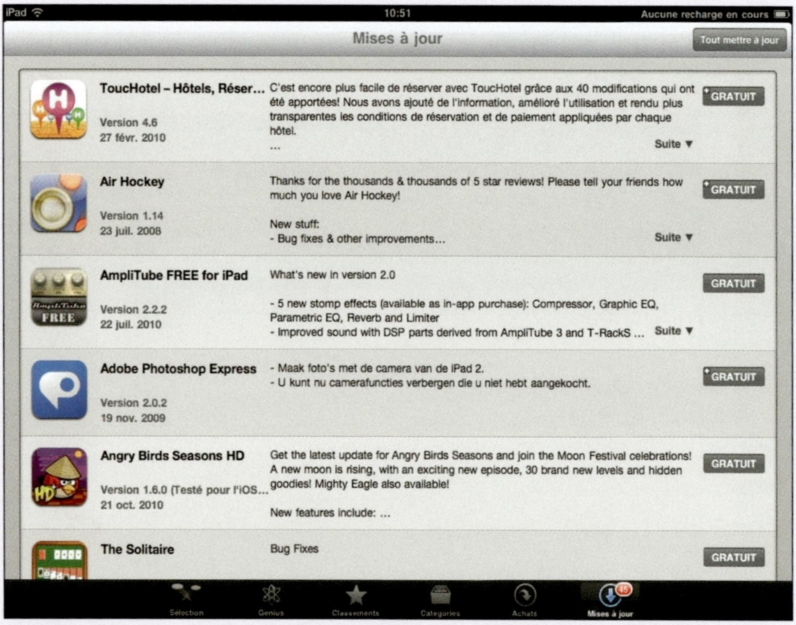

Y a pas plus malin !

### Des ouvrages pour aller plus loin

Les auteurs de cet ouvrage proposent un titre entièrement consacré aux applications pour iPad : *Le Guide des meilleures applications iPad* aux éditions First.

Si les jeux pour iPad sont un sujet qui vous intéresse particulièrement, nous vous recommandons *Le Guide des meilleurs jeux et divertissements pour iPhone, iPod Touch et iPad* aux éditions First.

Y a pas plus clair !

### Attention aux changements de prix

Sachez que certaines applications changent de prix régulièrement : promotions et offres spéciales sont courantes, mais le prix peut aussi augmenter.

Une application gratuite peut aussi devenir payante. Les informations sont fournies à titre indicatif et nous vous invitons à toujours vérifier le prix d'une application dans l'App Store avant de cliquer sur **Acheter** !

Enfin, certaines applications peuvent tout simplement disparaître de l'App Store sans préavis.

# Transformez l'iPad en console de jeux

Les jeux et les divertissements proposés sur ces machines ne ressemblent à rien de ce que vous avez connu jusqu'ici, pour une bonne et simple raison : aucune console de jeu n'est dotée de fonctionnalités aussi puissantes et originales que votre iPhone, iPod ou iPad. Avec leur écran tactile, leur capteur de mouvement et d'orientation, et leur connexion à Internet, les jeux prennent une tout autre dimension !

Vous n'êtes pas spécialement féru de jeux ou de divertissements ? Il y a tout de même fort à parier que vous vous laisserez séduire par nombre des applications proposées dans notre sélection.

Y a pas plus pratique !

## Téléchargez les meilleurs jeux et divertissements pour iPad

1. **SmackTalk! HD.** Une application qui fait parler un hamster, un chiot ou un chaton ? Mieux encore, elle ne se contente pas de les faire parler : elle les fait répéter tout ce que vous dites, des chansons et même vos fous rires ! Vous pouvez enregistrer jusqu'à cinq messages différents par animal. Vraiment très drôle !

2 **La Machine à Sons. La Machine à Sons** est une collection d'applications très jolies et bien conçues pour l'iPad et l'iPhone. L'interface est simple et agréable : même un tout-petit saura utiliser l'application. Les choix thématiques et les sons associés sont excellents : instruments de musique, animaux de la ferme, moyens de transport originaux. La version « exotique » de l'application, appelée **Sons du Monde,** est aussi très réussie.

3 **Akinator.** Pensez très fort à une personne : célébrité, sportif, personnage historique ou imaginaire... Lancez ensuite Akinator, répondez à ses questions, et laissez le génie deviner ! Vous serez probablement bluffé, car Akinator se trompe rarement... Une application amusante pour impressionner vos proches.

4 **Angry Birds HD**. S'il ne fallait avoir qu'un jeu sur l'iPad, ce serait peut-être celui-ci. Il exploite d'ailleurs à merveille l'écran tactile et le capteur de mouvement. Le principe : vous devez « lancer » des oiseaux sur des constructions en tous genres afin de détruire les vilains cochons verts ! Le jeu est très bien conçu, avec des graphismes et des bruitages de bon niveau.

5 **Super Monkey Ball 2 : Édition Sakura pour iPad**. Super Monkey Ball est un jeu de plate-forme où vous dirigez un petit singe coincé dans une bulle. Faites-le rouler, attrapez les bananes, évitez de tomber dans le vide pour atteindre le niveau suivant ! Grâce au capteur de mouvement de l'iPad, le jeu se contrôle en inclinant l'écran. Fabuleux !

6 **Scrabble pour iPad.** L'adaptation du Scrabble pour iPad est tout simplement brillante. Jouez entre amis ou affrontez l'ordinateur, mais laissez-le aussi vous donner un petit coup de pouce si besoin... Avec une ergonomie exceptionnelle et des graphismes élégants, sans fioritures, le jeu est un vrai plaisir. Vous pouvez même écouter votre musique personnelle pendant la partie !

# Téléchargez des applications pour bien travailler sur l'iPad

Travailler avec l'iPad ? Non seulement c'est possible, mais c'est même très agréable. Imaginez un peu : créez une présentation époustouflante du bout des doigts, piochez dans votre bibliothèque de photos ou prenez-en même une sur le vif grâce à l'appareil photo et intégrez-la à vos documents, ouvrez vos fichiers de traitement de texte et feuilles de calcul puis modifiez-les en un clin d'œil, *etc.*

Y a pas plus pratique !

## Découvrez Pages, Numbers et Keynote

1 **Pages** est l'application permettant de créer des documents texte élaborés et élégants sur l'iPad. C'est la version repensée pour l'iPad du programme de traitement de texte pour Mac et l'équivalent de Microsoft Word sur PC.

**2** **Numbers** est un tableur simple et puissant, similaire au programme Microsoft Excel sous Windows, par exemple. Les documents créés dans Excel sont d'ailleurs compatibles avec cette application et, si vous avez créé une feuille de calcul au format XLS sur votre PC, vous pourrez la lire et même la modifier sur l'iPad avec Numbers.

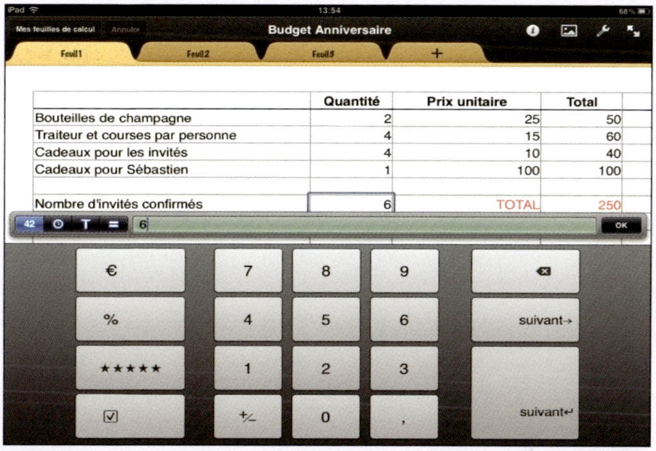


**3** Enfin, **Keynote** est l'application permettant de créer des présentations de qualité sur l'iPad. C'est la version repensée pour l'iPad du programme du même nom pour Mac et l'équivalent de Microsoft PowerPoint sur PC. Elle permet de créer du bout des doigts des présentations très élégantes et professionnelles, avec des animations et des effets vraiment convaincants, voire stupéfiants, et en quelques secondes !

Y a pas plus malin !

## Projetez une présentation

Pour projeter directement la présentation depuis votre iPad à l'aide d'un téléviseur, d'un moniteur ou d'un projecteur équipé d'une entrée vidéo dite « VGA », vous aurez besoin d'un petit accessoire vendu par Apple en complément de l'iPad, appelé « adaptateur connecteur Dock vers VGA iPad ».

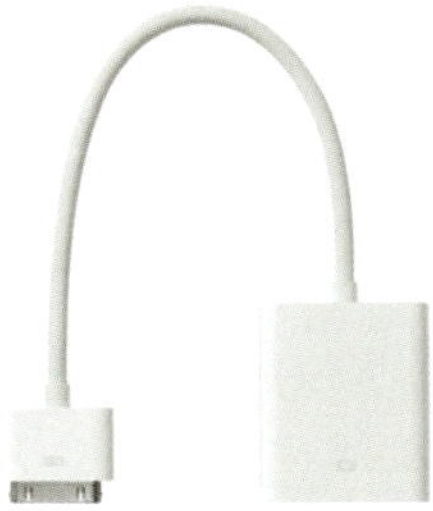

Le coût de cet accessoire (une trentaine d'euros) sera vite rentabilisé car il vous permettra non seulement d'afficher des présentations, mais aussi de connecter votre iPad à votre téléviseur pour regarder des vidéos YouTube et des diaporamas de vos photos ! Attention, il ne permet pas l'accès aux autres applications de l'iPad.

Connectez simplement le câble à votre iPad d'un côté et à votre écran ou projecteur de l'autre, et le tour est joué !

Chapitre 12

# Personnalisation et réglages importants

Pour que votre iPad soit à vous et rien qu'à vous, personnalisez-le ! Vous pouvez choisir votre fond d'écran, déplacer les icônes à volonté, et même en protéger l'accès par mot de passe.

- Personnalisez l'iPad avec un fond d'écran
- Organisez les icônes
- Protégez l'iPad avec un mot de passe
- Effectuez une recherche dans l'iPad
- Imprimez avec l'iPad
- Connectez-vous en Wi-Fi
- Mettez à jour le système
- Sauvegardez l'iPad
- Réinitialisez l'iPad

# Personnalisez l'iPad avec un fond d'écran

Le choix d'un nouveau fond d'écran transformera complètement votre iPad ! À vrai dire, il s'agit même de choisir deux fonds d'écrans, car vous pouvez personnaliser le fond de l'écran d'accueil, celui qui affiche les icônes, mais aussi l'écran de veille, lorsque l'iPad est verrouillé.

Vous pouvez utiliser des photos personnelles, à condition d'en avoir transféré sur l'iPad depuis votre ordinateur ou votre carte mémoire, ou l'un des fonds d'écrans offerts par Apple.

Y a pas plus malin !

### Transfert express

Pour transférer rapidement une ou deux photos à utiliser en fond d'écran depuis votre ordinateur, au lieu de synchroniser la bibliothèque de photos iTunes avec l'iPad, il existe une astuce toute simple mais très efficace : vous les envoyer à vous-même par courriel !

Ainsi, en affichant le message reçu sur l'iPad, vous pouvez enregistrer les photos dans votre bibliothèque d'images et le tour est joué.

Y a pas plus pratique !

## Changez de fond d'écran et ajustez la luminosité

1. Touchez l'icône **Réglages** sur l'écran d'accueil.
2. Touchez **Luminosité et fond d'écran** dans la liste des réglages à gauche.
3. Touchez la zone **Fond d'écran**.
4. Vous pouvez en profiter pour ajuster la luminosité de l'écran. Néanmoins, il est préférable de conserver l'option **Réglage automatique** : la luminosité de l'écran de l'iPad s'ajustera ainsi automatiquement en fonction de la luminosité ambiante.

5 Pour utiliser une photo personnelle, touchez le nom d'un album. Pour utiliser l'un des fonds d'écrans prédéfinis, touchez **Fond d'écran**.

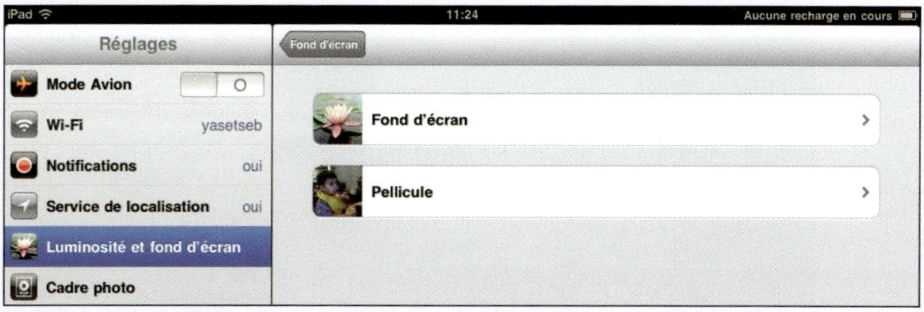


6 Touchez une vignette pour sélectionner la photo.

7 Choisissez quel écran sera affecté par ce nouveau fond d'écran : l'écran de veille (touchez **Écran verrouillé**), l'écran affichant les icônes (touchez **Écran d'accueil**) ou les deux (touchez **Les deux**).

Voici ce que cela produit comme résultat :

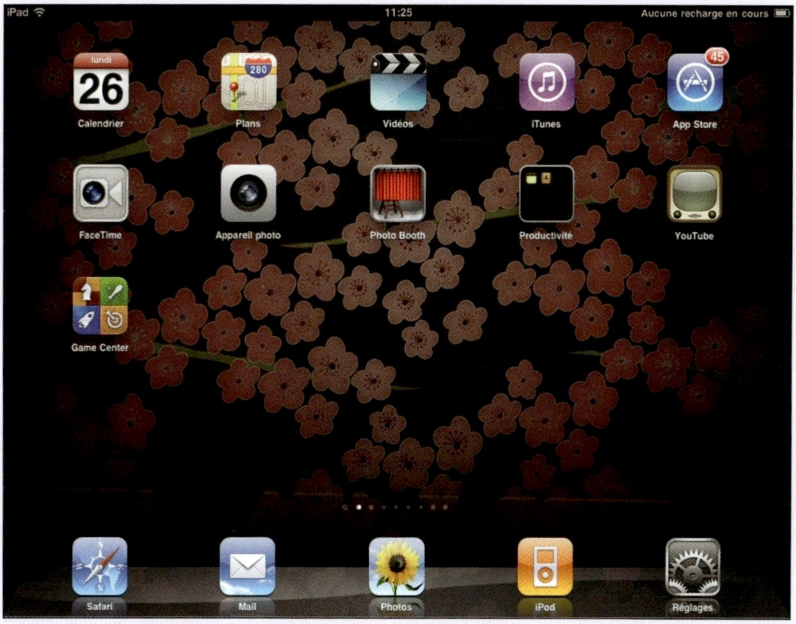


Écran d'accueil

Écran verrouillé

Y a pas plus malin !

### Une autre méthode

Il existe une autre manière de changer de fond d'écran, lorsque vous parcourez votre bibliothèque d'images. Cette technique a été présentée dans le chapitre consacré aux photos (consultez la section « Partagez, utilisez et imprimez vos photos » du chapitre 6).

## Organisez les icônes

L'écran d'accueil est entièrement personnalisable : vous pouvez en effet agencer les icônes selon vos souhaits, y compris dans le dock du bas de l'écran. Vous pouvez créer des groupes pour organiser vos icônes par thèmes.

Organiser vos icônes, en particulier le dock de lancement rapide et la première page, vous fera gagner un temps précieux : vous accéderez ainsi facilement aux applications que vous utilisez le plus souvent.

Y a pas plus pratique !

### Déplacez les icônes sur l'écran d'accueil et créez des groupes

1. Touchez n'importe quelle icône sur l'écran d'accueil.
2. Maintenez le doigt appuyé quelques secondes. Les icônes « frémissent » ? Vous pouvez alors les déplacer !
3. Réorganisez les icônes en les faisant glisser. Si vous faites glisser vers la droite au niveau de la dernière page, vous créerez une nouvelle page. Vous pouvez ainsi créer jusqu'à onze pages. Attention à ne pas faire glisser une icône sur une autre icône, vous créeriez un groupe ! Tant que vous ne relâchez pas le doigt de l'écran, vous pouvez déplacer l'icône en mouvement. Relâchez-la pour qu'elle occupe son nouvel emplacement.
4. Vous pouvez placer votre application préférée dans le dock de lancement rapide pour un accès direct. Faites simplement glisser l'icône souhaitée depuis la zone centrale vers le dock. Vous pouvez placer six icônes en tout dans cette zone.

5 Si vous souhaitez justement créer un groupe, faites simplement glisser une icône sur une autre. Un cadre vous indique la création du groupe et les icônes en faisant partie s'affichent en miniature à l'intérieur. Le concept de groupe d'icônes est très pratique, surtout lorsque vous possédez de très nombreuses applications, mais peut aussi devenir relativement pesant lorsqu'il s'agit de réorganiser vos icônes du bout du doigt.

6 Pour renommer le groupe d'icônes, touchez la zone affichant le nom et saisissez le nouveau nom. Vous pouvez faire glisser des icônes dans un groupe existant pour le compléter ou déplacer un groupe entier vers un nouvel emplacement. N'oubliez pas : vous créez autant de groupes que vous le souhaitez ! Vous pouvez placer jusqu'à vingt icônes dans chaque groupe.

7 Pour extraire des applications d'un groupe, affichez son contenu puis maintenez le doigt appuyé sur une des icônes jusqu'à ce qu'elles frémissent. Faites alors glisser les icônes hors du groupe vers la zone principale des icônes. Pour dissocier un groupe, faites sortir toutes les applications du groupe une par une jusqu'à l'avant-dernière.

8 Lorsque vous avez terminé, appuyez sur le bouton Accueil. Les icônes redeviennent stables et la nouvelle configuration est automatiquement enregistrée.

Vous pouvez recommencer aussi souvent que souhaité !

Y a pas plus malin !

### Supprimez des applications ou mettez-les de côté

Pour supprimer une application, touchez la croix située en haut à droite de son icône. Il est impossible de supprimer les icônes des applications de base, mais vous pouvez toujours les déplacer. Conservez ainsi uniquement celles dont vous vous servez souvent sur les premières pages. Autre idée : créez un groupe avec toutes les applications dont vous vous servez peu souvent, il occupera la place d'une seule icône à l'écran.

# Protégez l'iPad avec un mot de passe

Le saviez-vous ? L'iPad peut être verrouillé au démarrage, et ce jusqu'à ce qu'un mot de passe soit saisi, exactement comme pour déverrouiller la carte SIM d'un téléphone mobile.

Y a pas plus pratique !

## Mettez en place la protection par mot de passe

1. Touchez l'icône **Réglages** sur l'écran d'accueil.
2. Touchez **Général** dans la liste des réglages à gauche puis **Verrouillage par code**.
3. Touchez **Activer le code**.
4. À l'aide du clavier numérique, saisissez votre code secret à quatre chiffres, deux fois de suite. Le code est immédiatement activé.

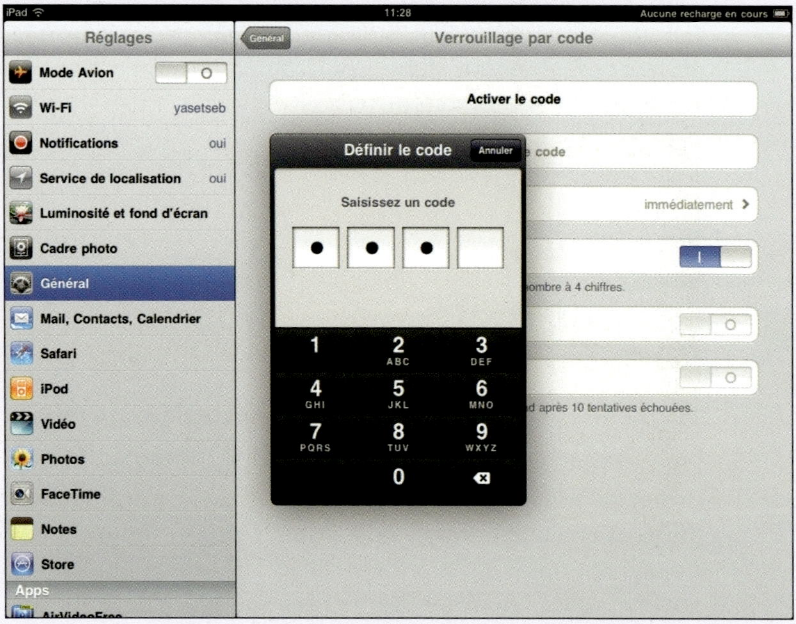

5. Avant de quitter les réglages, touchez **Exiger le code** pour choisir un délai avant la demande de saisie du mot de passe : immédiatement (à chaque déverrouillage de l'iPad), ou après 1, 5, 15 minutes, 1 heure ou 4 heures. Ces options peuvent être utiles pour éviter les indiscrétions sans avoir à saisir votre mot de passe à tout bout de champ !

6. Si vous désactivez l'option **Cadre photo**, le bouton permettant de lancer la fonction Diaporama depuis l'écran verrouillé disparaîtra. Vous pouvez ainsi restreindre l'accès au diaporama lorsque l'iPad est verrouillé.

7. Enfin, si votre iPad contient des données très confidentielles, vous pouvez envisager l'option **Effacer les données** : au bout de dix essais infructueux de saisie du code, toutes les données de votre iPad seront automatiquement effacées. Attention aux trous de mémoire tout de même !

8. Dès lors, à chaque déverrouillage de l'iPad (ou selon le délai choisi dans les réglages) et à chaque accès au réglage du mot de passe (que cela soit pour désactiver le code ou le modifier), vous devez saisir votre code à quatre chiffres.

9. Pour désactiver le code, touchez **Réglages** puis **Général** et, enfin, **Verrouillage par code**. Touchez **Désactiver le code**.

# Imprimez avec l'iPad

Si vous avez la chance de disposer d'une imprimante compatible avec la fonction **AirPrint** de l'iPad, vous pourrez imprimer des pages Web, photos ou messages directement depuis l'application concernée, grâce au bouton **Imprimer**, disponible dans plusieurs applications.

Y a pas plus clair !

### AirPrint

AirPrint est le nom de la fonction commune à tous les appareils Apple (iPhone, ordinateurs et iPad, bien entendu), permettant d'imprimer à distance. Il faut impérativement disposer d'une imprimante sans fil compatible avec AirPrint.

Sur l'iPad, AirPrint fonctionne avec Safari, Mail, Photos, iWork, les PDF dans iBooks et d'autres applications tierces intégrant une fonctionnalité d'impression, comme Pages, Keynote ou encore Numbers.

Y a pas plus pratique !

## Imprimez depuis l'iPad

1. Touchez le bouton .
2. Touchez **Imprimer**.

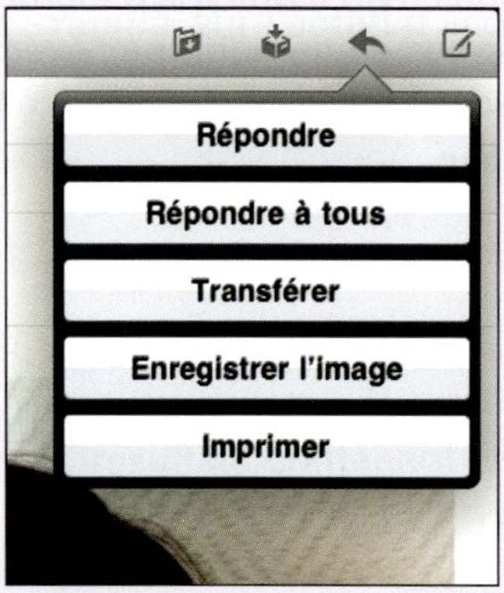


3. Touchez **Sélection** dans la zone Imprimante.

4. L'iPad localise alors la ou les imprimantes compatibles AirPrint de votre réseau et s'y connecte automatiquement.

5. Il ne vous reste plus qu'à indiquer le nombre de copies de l'élément souhaité, puis à toucher **Imprimer** pour lancer l'impression.

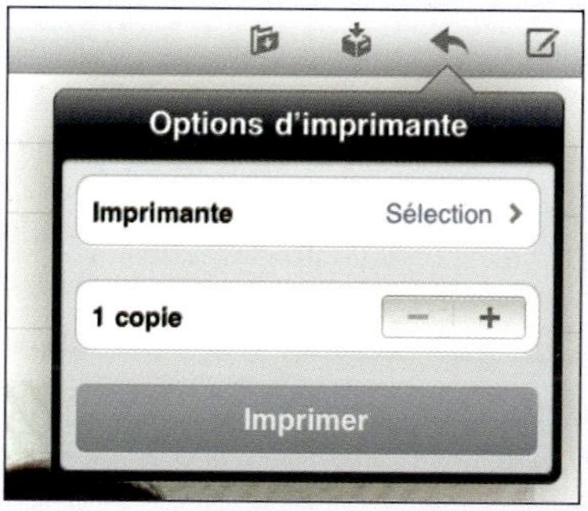


## Y a pas plus malin !

### Vérifiez que votre imprimante est compatible

Hélas, bien que très pratique, la fonction d'impression n'est à l'heure actuelle compatible qu'avec un nombre (très) limité d'imprimantes Wi-Fi : nous vous invitons à consulter la page iPad – AirPrint pour vérifier si votre imprimante fait partie de la liste de ces modèles :

`http://www.apple.com/fr/ipad/features/airprint.html`

Dans le cas contraire, bon nombre de constructeurs ont développé des applications iPad spécifiques à leurs modèles pour permettre aux utilisateurs d'iPad d'imprimer des documents et photos à distance.

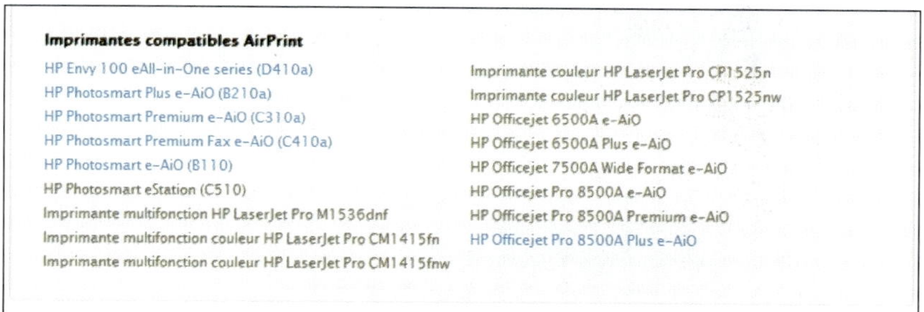

**Imprimantes compatibles AirPrint**

HP Envy 100 eAll-in-One series (D410a)
HP Photosmart Plus e-AiO (B210a)
HP Photosmart Premium e-AiO (C310a)
HP Photosmart Premium Fax e-AiO (C410a)
HP Photosmart e-AiO (B110)
HP Photosmart eStation (C510)
Imprimante multifonction HP LaserJet Pro M1536dnf
Imprimante multifonction couleur HP LaserJet Pro CM1415fn
Imprimante multifonction couleur HP LaserJet Pro CM1415fnw
Imprimante couleur HP LaserJet Pro CP1525n
Imprimante couleur HP LaserJet Pro CP1525nw
HP Officejet 6500A e-AiO
HP Officejet 6500A Plus e-AiO
HP Officejet 7500A Wide Format e-AiO
HP Officejet Pro 8500A e-AiO
HP Officejet Pro 8500A Premium e-AiO
HP Officejet Pro 8500A Plus e-AiO

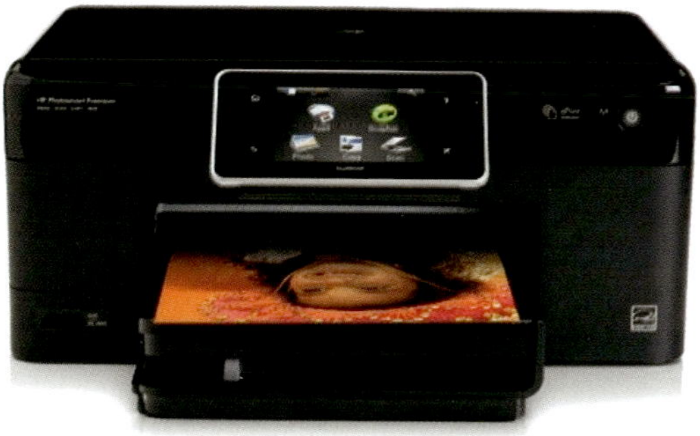

# Connectez-vous en Wi-Fi

Bien plus rapide que la connexion au réseau 3G, le Wi-Fi a aussi l'avantage d'être souvent disponible gratuitement, dans de nombreux lieux publics en France et à l'étranger.

Même si vous disposez du modèle d'iPad Wi-Fi+3G, cela peut être très utile, en particulier lorsque votre accès au réseau 3G est limité en quantité de données, et surtout pour des transferts de fichiers volumineux (envoi de courriels avec photos ou installation d'applications, par exemple).

Y a pas plus pratique !

## Activez le mode Wi-Fi et rejoignez un réseau

1. Touchez **Réglages** puis **Wi-Fi**.
2. Touchez le curseur **Wi-Fi**. La liste des réseaux Wi-Fi disponibles s'affiche.

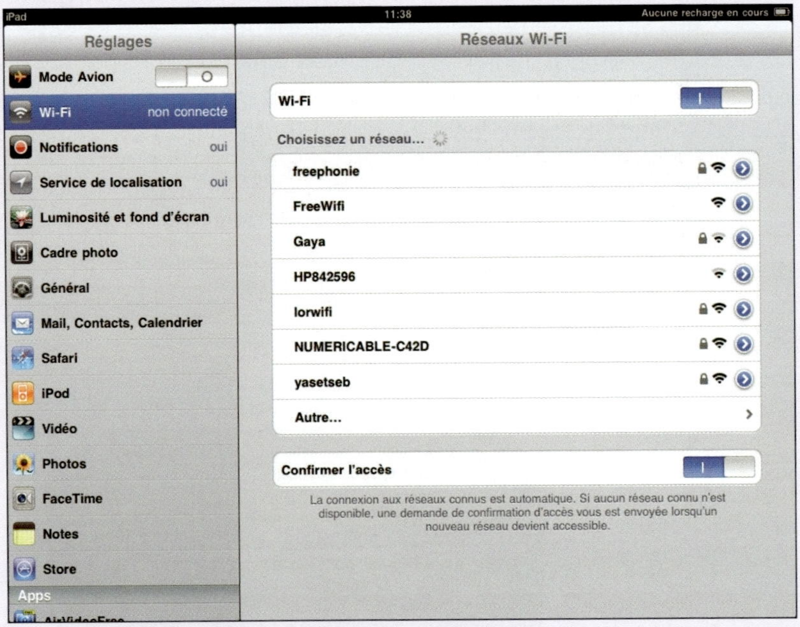

3. Pour rejoindre un réseau, touchez son nom et saisissez éventuellement le mot de passe demandé (consultez la documentation de votre fournisseur d'accès à Internet si vous ne le connaissez pas). Touchez **Rejoindre** sur le clavier.

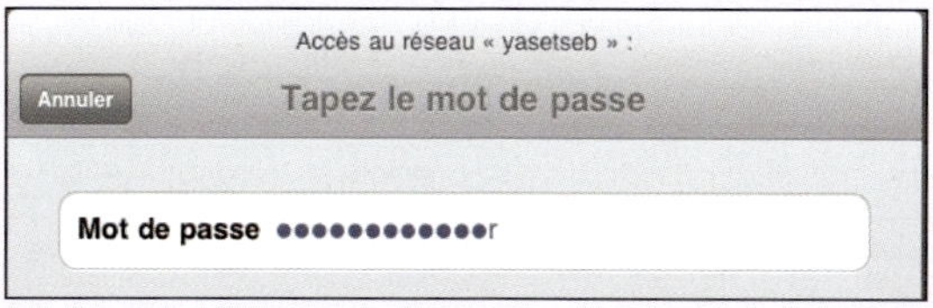


4. Lorsque l'iPad est connecté à un réseau Wi-Fi, l'icône apparaît dans la barre d'état en haut d'écran et le nom du réseau s'affiche dans la section Wi-Fi tout en haut des réglages.

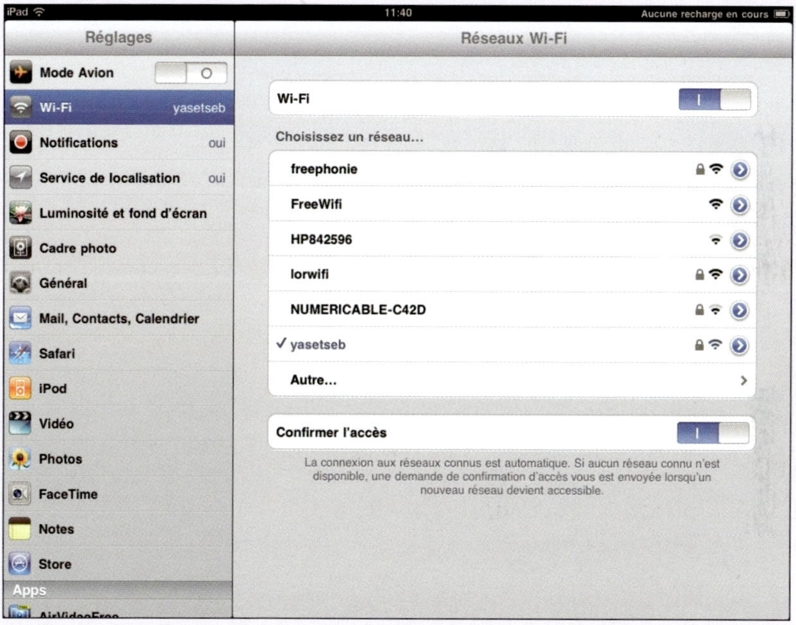


Y a pas plus malin !

### Trouvez des réseaux autour de vous

Les réseaux Wi-Fi publics gratuits sont nombreux autour de vous ! Les bibliothèques, les mairies et les restaurants McDonald's, par exemple, proposent ce type d'accès.

## Mettez à jour le système

Le système d'exploitation de votre iPad est régulièrement mis à jour et amélioré par Apple. Pour bénéficier des évolutions proposées, qui peuvent toucher le fonctionnement général de l'iPad comme les applications de base, vous devez installer les mises à jour lorsqu'elles sont disponibles.

La mise à jour du système d'exploitation de l'iPad se fait très simplement, car à chaque connexion à iTunes, une vérification rapide des mises à jour disponibles est effectuée. Si une nouvelle version d'iOS est disponible, iTunes vous propose de l'installer immédiatement.

Y a pas plus pratique !

### Installez les mises à jour d'iOS

1. À l'aide du câble USB, connectez votre iPad à votre ordinateur.
2. Lancez iTunes.
3. Si une mise à jour d'iOS est détectée, une fenêtre s'affiche et vous propose de mettre à jour le système.
4. Vous pouvez ne pas installer la mise à jour (cliquez sur **Annuler**), la télécharger uniquement (mais cela n'est pas très pratique puisque vous devrez, de toutes façons, l'installer ensuite), ou directement télécharger et installer la mise à jour. Cliquez sur **Téléch. et installer**.
5. À ce stade, il est fort possible qu'iTunes vous indique qu'il faut transférer vos achats depuis l'iPad afin d'éviter de perdre des données.
6. Dans ce cas, cliquez sur **Annuler**. Cliquez ensuite sur **Fichier** puis sur **Transférer les achats de « iPad »**. Patientez pendant le transfert des données depuis l'iPad vers iTunes. Le transfert des achats consiste à copier dans iTunes les éléments (musique, applications, *etc.*) que vous avez achetés sur l'iTunes Store ou l'App Store directement depuis votre iPad.

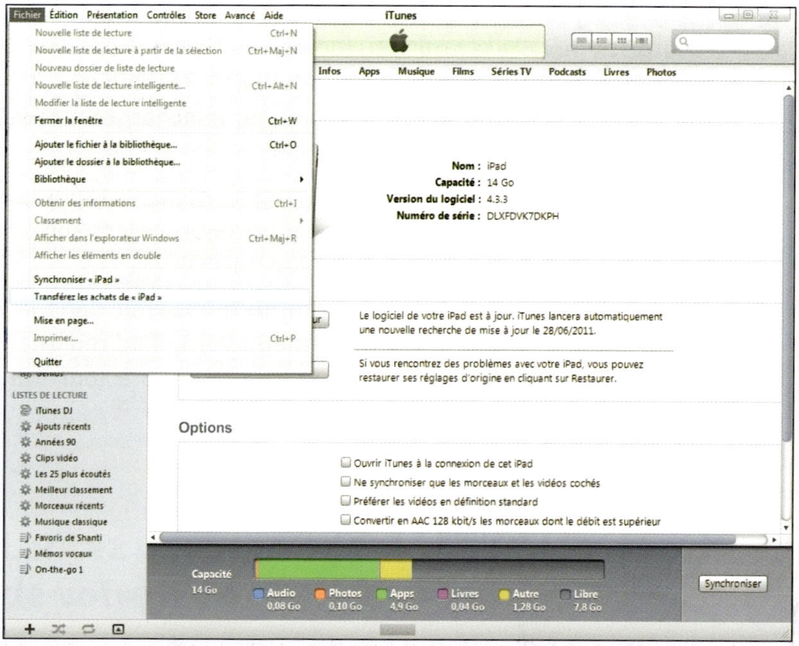


7 Une fois le transfert terminé, si la mise à jour d'iOS ne démarre pas automatiquement, cliquez sur l'onglet **Résumé** puis sur le bouton **Rechercher les mises à jour** dans la zone **Version**. Cliquez à nouveau sur **Téléch. et installer**.

5 Vous êtes désormais à l'abri des accidents ! En cas de problème, restaurez l'iPad à partir de la sauvegarde. Lancez iTunes et connectez l'iPad à votre ordinateur à l'aide du câble fourni. Cliquez avec le bouton droit sur **iPad** à gauche. Cliquez sur **Restaurer à partir d'une copie de sauvegarde.**

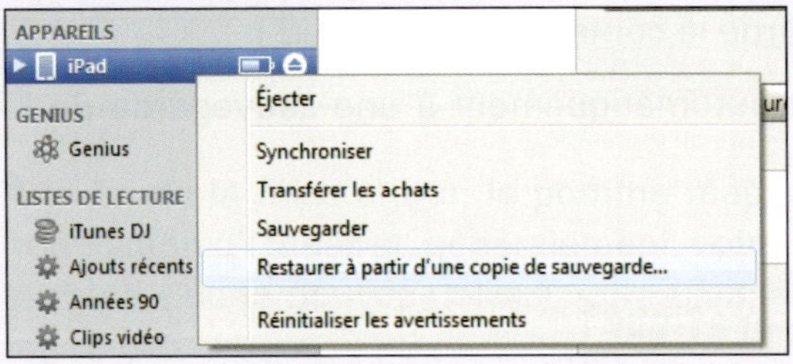


Y a pas plus malin !

### En cas de changement d'iPad

Si vous achetez un nouvel iPad, d'une version supérieure ou exactement le même modèle, la restauration vous servira à transférer tout le contenu (carnet d'adresses, réglages, musique, vidéos, applications, *etc.*), à l'identique, de votre ancien iPad vers votre nouvel iPad ! Suivez exactement la même procédure. Les seuls éléments qui ne seront pas copiés sur le nouvel iPad sont les mots de passe de vos comptes de messagerie : vous devrez les enregistrer à nouveau dans les réglages de Mail.

## Réinitialisez l'iPad

Pour restaurer les réglages d'origine de l'iPad et effacer tout son contenu, vous pouvez procéder à une réinitialisation. Il existe plusieurs niveaux de réinitialisation de l'iPad. Attention ! Certaines réinitialisations sont irréversibles.

Y a pas plus pratique !

### Restaurez les réglages d'origine et effacez les données

1. Touchez **Réglages**, puis **Général**.
2. Touchez **Réinitialiser** tout en bas de l'écran.
3. Pour réinitialiser la totalité des préférences et des réglages, sans supprimer les informations (contacts, éléments multimédias, *etc.*), touchez **Réinitialiser tous les réglages**.
4. Pour réinitialiser tous les réglages et effacer tout le contenu, touchez **Effacer contenu et réglages**. Attention : cette option supprime toutes les informations et données multimédias de votre iPad ! Pour cette opération, votre iPad doit être branché à l'aide du câble d'alimentation. Par ailleurs, vous ne pourrez pas utiliser votre iPad avant la fin de la réinitialisation, qui peut durer jusqu'à deux heures.
5. Pour réinitialiser uniquement les réglages réseau (et ainsi effacer la liste des réseaux Wi-Fi utilisés précédemment), touchez **Réinitialiser réglages réseau**.
6. Lorsque l'option de correction automatique est activée, vous ajoutez des mots au dictionnaire du clavier lors de la saisie. Pour effacer tous les mots que vous avez ajoutés, touchez **Réinitialiser le dictionnaire clavier**.
7. Pour réinitialiser la position de toutes les icônes sur l'écran d'accueil, touchez **Réinitialiser l'écran d'accueil**. Les icônes des applications iPad « de base » seront placées comme au premier démarrage de l'iPad. Les icônes de toutes les autres applications installées depuis l'App Store seront classées par ordre alphabétique.

8 Les « alertes de localisation » sont les messages affichés par les applications qui ont besoin de vous localiser (comme Plans, Google Earth et d'autres applications utilisant la géolocalisation). Ils ne s'affichent qu'une fois et enregistrent votre réponse (**Accepter** ou **Refuser**). Si vous réinitialisez les alertes de localisation, ces messages s'afficheront à nouveau !

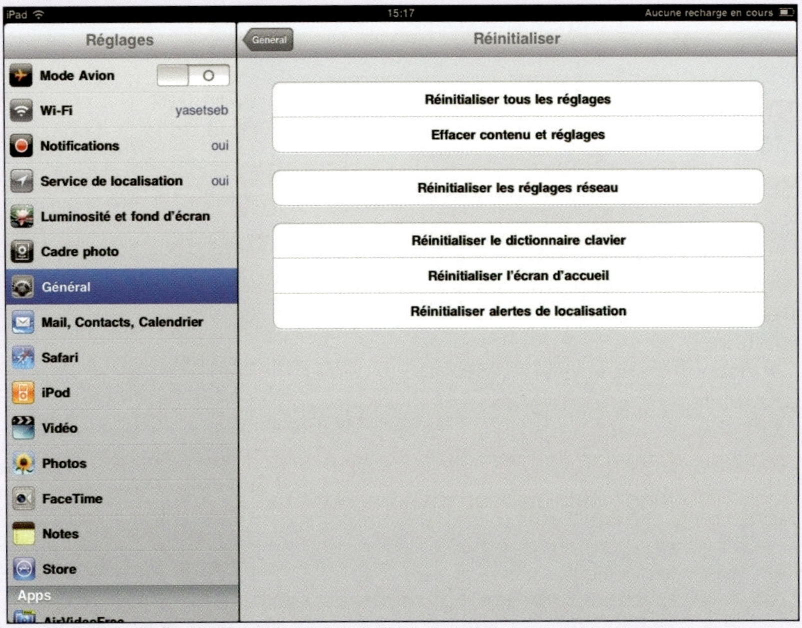

# Index

## Symboles



## A



## B



## C

## J



## K



## L



## M



## N



## O

## P



## R



## S